「やりたいこと」を先送りしてしまう自分が変わる本

望月俊孝
Toshitaka Mochizuki

フォレスト出版

はじめに――人は誰でも「すぐやる」人だった

世界には2種類の人しかいません。

①やりたいことを今この瞬間から始める人。
②やりたいことを先送りする人。

あなたはどちらでしょうか？
あなたがどちらであれ、１つ大切な事実があります。

それは、

今僕らが住んでいる世界は、常に①の「やりたいことを今この瞬間から始める人」が創ってきた

ということです。

「やりたいことを今この瞬間から始める人」が「やりたい」と思っていた夢が実現した世界で、今日も暮らしているのです。

もしそうであるとしたら……。

あなたも①の「やりたいことを今この瞬間から始める」人生を選びたくないですか？

この本は、「世界を創る側」になっていただくためのあなたへの招待状です。

そのためにあなたに伝授したいことがあります。

それが、**「すぐやる技術」**です。

この技術を数時間で知り、日々実践してもらう。

そして「すぐやる人」になっていただく。

その1点のために、僕は筆をとりました。

とはいえ、本質はとてもシンプルです。

あなたは、「すぐやる」人だった

「すぐやる」人は、意志が強い人ではありません。

「すぐにやらなければ！」と急いでいる人でもありません。

「やらなければならないのに……」と焦っている人でもありません。


もっと自然な人です。

もっと悠々自適な人です。

しかし、驚くほどアクティブです。

周囲を巻き込んで、どんどん世界をおもしろくしてくれます。

「気づいたら、いつのまにかしていた」

「気づいたら、またしていた」

「楽しいから思わずやってしまった」

これがすぐやる人の口癖です。

この本では、あなたにこんなすてきな「すぐやる人」になってもらうために書きました。

でも、それは難しいことではありません。

子供の頃はみんな「すぐやる人」でした。

朝起きてから寝るまで、動き回り、遊び回っていました。

今でもディズニーランドや楽しいイベントや行楽地に行けば、みんな「すぐやる人」に戻ることができます。誰だってアクティブになります。

大好きなことなら誰でもすぐやる人になります。

ある条件さえ整えば……。

でもそれがないと、「やりたいこと」を先送りしてしまうことになります。

人間は本質的には「すぐやる人」です。

その力を日常でも思い出してもらえばいいだけです。

「すぐやる」人の本当の姿

では、その力とは何でしょうか？

それは、**「今の自分と未来の理想の自分がつながっている」という確信力**です。


「こんなことして何になるんだろう？」

「この先自分はどうなるんだろう？」

「もしかしたら間違ったことをしてるんじゃないか？」

「誰かに迷惑をかけるんじゃないか？」


こう思った瞬間、足がすくみ、動けなくなります。

「やりたいこと」を先送りしてしまうのです。

でも、今していることと理想の未来をつなげることができる人は、ためらわずに行動することができます。

それを見て、まわりの人は言うでしょう。
「あなたは、『すぐやる』人だね」と。

なぜ類書とは、まったく違うのか？

この本は類書とは大きく違います。

◎行動管理のツールやガジェットはいっさい出てきません。
◎モチベーションを無理に上げるメソッドも出てきません。
◎結局最後は「とにかく頑張れ！」で終わらないことをあらかじめ約束します。

あなたが今やっていることと未来の理想のあなたを結びつける力を手に入れてもらう——。

この1点を本書の目的とすれば、お伝えする内容はありきたりのものではいけません。研究を重ねた結果、次のような内容をお届けすることになりました。

第1章「人生の扉は、すべて正解につながっている」では、僕が独立した頃の1つのエピソードをお伝えします。

独立前の僕は、こんな感じでした。

1つ目の会社では、社長からは成功哲学・能力開発の知識を重宝され、「自己啓発の生き字引」とうれしいニックネームをいただきました。

退職後は、ハワイに留学して心理学の第一人者からカウンセラーの認定を受けました。

再就職した2つ目の会社では、毎月2人の世界的な外国人講師のセミナーを主催し、「お金をいただきながら」最先端の能力開発のスキルを学ぶことができました。

しかし、知識だけは十分ありながら、当時の自分はどん底にいました。

①ビジネスと不動産投資の失敗で、6000万円の借金を背負っていました。

②全身がアトピーで象皮色になり、かゆみで夜も眠れませんでした。

「こんなはずじゃなかった！」

言いようのない苦しみの中で、僕はある人物から生涯忘れられない言葉をかけられます。そこから、僕の予想もしなかった未来が始まりました。

第1章では、そんなストーリーを分かち合います。


第2章「ワクワクが人生の『守備範囲』を決める」の概要をお伝えする前に、お話ししておきたいことがあります。

「すぐやる人」は、「なんでも」「すぐやる」人ではありません。

実は、「すぐやる」人は野球選手のように人生に「守備範囲」を持っています。その範囲にひっかかったものだけを「すぐに」やっているのです。

どんなに優秀でも「野球場（グラウンド）全体を一人で守る」ことをしていたら、能力を発揮することはできません。グラウンド全体を忙しく駆け回り、疲労困憊《こんぱい》して燃え尽きてしまいます。

では、その「守備範囲」はどのようにして見つければいいのでしょうか？

鍵は、「ワクワク」という胸の躍る言葉にあります。第2章では、この「ワクワク」

の本質を解き明かします。

第3章「未来の理想の自分からメッセージを受け取る――【ステップ1】」からは、いよいよ望月流の「すぐやる技術」の全貌を公開していきます。

第3章では、まずあなたが未来の理想の自分を知るためのステップをお伝えします。

未来の理想のあなたは、実は「感情」を通して、あなたに語りかけてくれます。

それに耳を傾ける方法を伝授します。

第3章であなたが手に入れるものは、次のとおりです。

◎3つの条件を満たさないと本物の夢ではない
◎国民教育の第一人者が残した天命を見つける鍵
◎感情から社会を読み解く方法
◎感情の力は5分で鍛えられる
◎1日に何度も成功する方法
◎能力を発揮し、結果を出す2大条件とは?

◎世界的カウンセラー直伝！　あなたの未来に希望を灯す5つの質問
◎過去の後悔・未来の不安を読み解く　初公開！「感情と行動のマトリックス」
◎なぜ100％ポジティブではいけないのか
◎人生の優先順位を間違えないための究極の2つの質問

第4章「未来の理想の自分と対話する――【ステップ2】」では、前章を通してあなたが感じた未来の理想のあなたを、はっきりと目に見える形にしていきます。

そのときお役に立てるのが世界一簡単で楽しい夢実現法である「宝地図」です。

第4章であなたが手に入れるものは、次のとおりです。

◎宝地図作成の8つのステップ
◎結果を決めるから、原因が生まれる
◎小さい夢など存在しない理由
◎なぜ心に宿った夢は叶うのか
◎マイクロソフト社の最大の財産をあなたが使いこなす方法

◎あなたの最高のメンターを見つける方法

この章では、1人の友人の話をしたいと思います。

彼は、誰もが遠慮するある仕事をイヤイヤ始めた男です。しかし、彼はそれをライフワークにした途端、驚くような幸せと成功を収めていったのです。

「新しく大好きなことを見つけるか？」

それとも、

「今していることを大好きになるか？」

あなたの人生に新しいヒントが手に入るでしょう。

第4章までを通して、未来の理想の自分が明らかになり、今のあなたとつながる1つの道ができました。あとは、その道を1歩1歩、歩いていくだけです。

第5章「未来の理想の自分に会いに行く――【ステップ3】」では、そうしたあなたの旅を応援する指針と秘訣を受け取っていただきます。

第5章では、僕が人生で学んだ体験を数多く書きました。

夢実現の百科事典でありながら、机上の空論は何一つありません。
第5章であなたが手に入れるものは、次のとおりです。

◎洋の東西の英知が共通して説く「現実を変える3つの要素」
◎能力開発の黄金の2ステップ
◎あなたの未来を今この場で知る方法
◎人は目の輝きで選ばれる
◎人工知能が永遠に真似できない人間の3つの力
◎人工知能に仕事を奪われない唯一の方法
◎人生のスタート地点は3つのエネルギーで決めよう
◎何かを成し遂げる旅の3つのステージ
◎思いがけない幸運が起きるタイミングは決まっている
◎成功法則の祖が語る衝撃の事実。なぜ1回でも挑戦できたら大喜びしていいのか
◎発行部数1億冊の著者が教えるたった一語の成功法則
◎なぜ「夢を語る」だけでチャンスが来るのか

僕らは楽しむために生まれてきた

さぁ、いよいよ本編が始まります。

その前に1つだけこんな質問に答えてみてください。

「もし、あなたが神様だとしたら、愛する人にどんな人生を送ってほしいですか？」

いかがですか？

僕の答えはこうです。

「たった一度の人生を思いっきり楽しむこと。そのために必要なことを体験し、学ぶこと」

僕は、30年間で1億5000万円の自己投資をし、世界中のマスターから幸せや豊かさの叡智《えいち》を直接学んできました。

だからこそ、次の2つのことを確信しています。

①人間は生まれながらに人生を楽しむ力を持っている。
②その力を身につけるのはカンタン。思い出すだけでいい。

この本が、あなたの「人生を楽しむ力」を思い出すきっかけとなれば幸いです。そうすれば、「すぐやる」人になるのはとても簡単です。

それでは第1章でお会いしましょう。

「やりたいこと」を先送りしてしまう 自分が変わる本◎目次

第1章 人生の扉は、すべて正解につながっている

第2章

ワクワクが人生の「守備範囲」を決める

第3章

未来の理想の自分からメッセージを受け取る ——【ステップ1】

第4章

未来の理想の自分と対話する——【ステップ2】

第5章

未来の理想の自分に会いに行く——【ステップ3】

装幀◎河南祐介（FANTAGRAPH）
本文＆図版デザイン◎二神さやか
編集協力◎佐藤裕二（ファミリーマガジン）
ＤＴＰ◎株式会社キャップス

第1章

人生の扉は、すべて正解につながっている

僕が30年間伝え続けていること

僕は、過去25年以上、のべ62万人の方々に対して著書やセミナーを通して、一人ひとりが持つ本来の可能性に気づいてもらうことに努めてきました。

おかげさまで僕は、還暦を迎えました。

しかし、活動意欲はますます旺盛になっています。

東京と大阪にあるセミナールームでは、毎年2万人以上の受講生をお迎えしています。また作家としては、31冊の出版の機会をいただき、累計75万部を世に送り、現在は世界7カ国で翻訳されるようになりました。

しかし、どんな活動でも一貫して心がけていることがあります。

それは次の2つを体感していただくことです。

①誰にでも無限の可能性があること。

②誰にもその人だけが持つすばらしい価値があること。

その結果として、かかわった受講生のみなさんには、現状に大きな変化が起きたという声に加えて、「本当の望みや自分の使命がわかった」といううれしい声を日々いただいています。

25年前、独立を決意したときには想像すらできなかった光景です。

「こんなはずじゃなかった」がスタートだった

「借金6000万円」。

これが、25年前の僕を現していた数字でした。ビジネスやバブル末期の不動産投資の失敗によるものでした。

しかし、苦境はこれだけではありません。

そんなときに、働いていた研修会社からマネージャー職を解雇する旨の通知を受け、突然リストラされたのです。

それに加え、長男の出産のため、ピアノ講師として家計を支えてくれた妻が働けなくなったのです。

それなのに、全身アトピーで象皮色になり、かゆみで夜も眠れない苦しみが続きました。しかも、子供は生後2カ月、大学病院の集中治療室の中……。

「どうしてこんなことになるんだ～」

「こんな人生になるはずではなかった！」

「なんで自分ばかり、こんなことに……」

そのときの僕は、訳もわからず絶望していました。まわりにも社会にも怒っていました。

なぜならば、こんなどん底に陥るような人生を送ってきたつもりはなかったからです。

14歳から成功哲学、16歳からは心理学を学ぶ

僕が能力開発や自己啓発に興味を持ち始めたのは、14歳、中学2年生の頃からでした。

きっかけは、卓球に夢中だった僕に父親が「卓球が強くなりたいなら、この本を読め」と与えてくれた1冊の本でした。

その本の題名は、『成功への四つの公式』（ジム・ジョーンズ著）。

卓球の本ではなく、

「潜在意識というすごい力を使えば、どんな夢でも叶う！」

という内容のものでした。

その中に興味深いことが書かれていました。

車でも家でも手に入れたいものがあったら、その理想とする写真やパンフレットを壁に貼り、いつも眺めなさい。それをすでに手に入れて楽しんでいるところを想像しなさい。すると、やる気が湧き、「すぐやる」ことができて、やがて夢が実現していく、というお話でした。

最初は半信半疑でしたが、少しでも卓球が強くなりたいと思った僕は、ワクワクしながら「すぐやる」ことができました。

ただ、そのときは壁に貼るのではなく、スクラップブックを買ってきて、そこに憧れの選手の写真を何十枚と貼り、格言などを書き出して、毎日欠かさずワクワクしながら眺めていました。

そう、「卓球のスクラップブックづくり」から始めたのです（これが元となり、第4章で紹介する「宝地図」という夢実現メソッドを体系化するきっかけとなりました）。

その結果、地区予選で負けてばかりの弱小中学校が、県大会に初出場。それだけでなく、惜しくも優勝は逃しましたが、県大会で準優勝するまでになりました。

小さなことですが、僕にとってはとても大きなことでした。

夢は叶うんだ。叶わなくても、圧倒的な行動力を持つことができ、行動力に火がつき、「すぐやる」ことができるということに感動しました。

僕は、ここから一気に能力開発や自己啓発に夢中になりました。

さらには、16歳から後に作家・講師として大活躍されるカウンセラーの先生について心理学を学ぶようになりました。

赤面恐怖症が治らないうえに、劣等感が多い僕に、両親がそのカウンセラーを紹介してくれたのがきっかけでした。

先生は7歳年上のお兄さんのような存在でした。

しかし、それでいながら僕を大切なクライエントとして、丁寧に心理療法を試み、能力開発の指導もしてくれました。

「催眠療法」「家族療法」「内観」「ゲシュタルト療法」「イメージ・トレーニング」「瞑想」「読書法」「スピーチ・トレーニング」などなど。

また、「セルフカウンセリング」も学びました。

そこから心理学に興味を持ち、高校2年、3年と同好の士を集めて読書会や勉強会なども主宰するようになりました。

「成功哲学の生き字引」の誕生

だから、20代後半で能力開発の会社に転職したときは、社長からこんなありがたいニックネームを与えられました。

「成功哲学の生き字引」

それがとにかくうれしかったのです。

そこでますます自己啓発や能力開発の学習に没頭していきました。

「成功哲学」「心理学」「潜在能力開発」だけでなく、「企画術」「創造性開発」「数字管理」「発想法」「スピーチ」「セールス」「人間関係」……。

僕の家の本棚には、ありとあらゆるジャンルの本が並んでいました。

ただ学ぶだけではありません。

チーフ・インストラクターとして年間150回も全国で「教える」という得難い経験もすることができました。

学びの面では幸運が続きました。

それから数年後に転職した会社では、一流の海外の講師を毎月招聘《しょうへい》する研修会社でした。毎月2人、年間24人のマスターから、直接学ぶことができたのです。

しかも、僕は主催者側でした。つまり、「お金をいただきながら」世界最先端のスキルを学べる立場にいたのです。

一般的な能力開発に加え、そこではスピリチュアルなスキルも学ぶようになりました。
◎バシャール――ダリル・アンカさん（チャネリング）
◎スティーブン・ハルパーン博士（音楽療法のパイオニア）
◎レバナ・シェル・ブドラさん（透視能力）

◎ボブ・フィックスさん（瞑想）
◎リンダ・ローザ博士（ヒプノセラピー）
いずれもアメリカでは高名な第一人者ばかりでした。

しかしこの頃から、だんだん僕は焦り始めてきました。

当然ですが一人ひとり、おっしゃることは違います。新しい情報に出会っては、それに振り回され、右往左往していました。

なにしろ日々こなすトレーニングだけでも膨大です。イメージ・トレーニングをしたり、瞑想に時間をとったり、チャネリングにも挑戦してみたり……。

でも、まわりを見回してみると、僕はこんな確信がありました。

「僕より能力開発に熱心な人はいない」

「僕より真剣に学んでいる人はいない」

ところが、そんな矢先に、僕はどん底に突き落とされたのです。

突然のリストラ、借金6000万円、全身アトピー、子供の入院——。

目の前が真っ暗になりました。

相手の未来の可能性を、相手以上に信じる

しかし、あるきっかけが僕を救ってくれました。

それは、解雇通知を受けた直後のことです。

会社で、クリストファー・ムーンさんのセミナーが主催されることになっていたのです。

彼は、カナダ出身のトップクラスのカウンセラーでした。あの本田健さんのベストセラー『ユダヤ人大富豪の教えⅢ』に登場したハリー先生のモデルになった方です。

僕たちは、以前から夫婦ともに親しくしてもらっていました。

セミナーはすばらしいものでした。

しかし、これが最後になることはわかっていました。僕が熱望して来日してもらったのですが、僕が会社を去った後は招致できる保証がなかったからです。

セミナー終了後、僕は悲痛な面持ちで、お別れを伝えることになりました。

「もうあなたを日本にお招きすることができなくなってしまった」と。

彼は、黙って僕の心に寄り添いながら、話を聞いてくれました。そして彼は、静かに、僕をまっすぐ見据えて、こう伝えてくれました。

「トシ、君が大変なことはよくわかった。今、あきらめそうな状況にいることも、僕には伝わってきたよ。僕にも同じようなことが何度も何度もあったから、トシの気持ちはよくわかるつもりです」

彼は、そこで言葉を切りました。

「でも、トシ、僕には見えるんだよ。君が今のこの大変な状況を見事に乗り越えていく姿が。普通の人ならあきらめてしまうような状況を、トシは必ず乗り越えていく。これを乗り越えることで、今まで以上に力強くなり、人の痛みをいっそう理解でき、ますます輝きを増している姿が。

そこには、逆境を乗り越えた人々だからこそ持つ大きな愛が、自信が、勇気が、エネルギーに満ちあふれた真のリーダーの姿が……。

トシ、トシの後ろについてくるのは、千恵子（妻）やシュン（息子）だけではないよ。わかっているだろうか？　トシの後ろから何千、何万、何十万人、それ以上の無数の人がついていく姿が、僕にははっきり見えるんだよ」

僕の心は揺れました。僕にはとても信じることができませんでした。でも、尊敬するメンターのことは信じることができました。

でも、どん底で冷めきった心に火を灯すにはもう少し力が必要でした。

僕は、すかさず言いました。

「本当にありがとう。あなたの言葉に救われる想いがしたよ。でも、この状況からいったい僕は何をすればいいのか、どこから手をつけたらいいのか、まったくわからない！」

彼は、ひるむことなく答えてくれました。

「トシ、君がやることは、日本の未来のリーダーたちに、君が学んだことを伝えていくことだ。**目的が明確なら、方法も、スキルも、能力もあとからついてくる。何でもいいから、とにかく動き始めることだよ**。

それに君は、本当にいろいろなことを経験してきたじゃないか。セミナー講師もカウンセラーも、プロモーターも、ライターも。僕が見るところでは、ここまで熱心に集中して学び、実践してきた人はいないと断言できるよ。今までのその貴重な経験を伝えていくことから始めたらいいんだよ」

彼は、そうしてこう締めくくりました。

「最初の一歩は重い。でも一歩踏み出しさえすれば、次の一歩は簡単になり、さらに次の一歩はもっと簡単になり、前に進み続けることができるんだよ！　世界は君を待っているよ！」

この夜のことは、僕は一生忘れないでしょう。

クリストファーさんが伝えてくれたこと。

それは、単なる叱咤激励ではありませんでした。

「僕の未来と可能性を僕以上に信じてくれている！」

その気持ちが僕の全身を打ち震わせました。

「もう変わるぞ！」

「言い訳なんてしないぞ！」

「自分でできる最高のことをするぞ！」

僕は本気になりました。全身にエネルギーが湧き上がってくるのがわかりました。

数日で前年の半年分の報酬をいただいた日に起きたこと

内面の世界の変化は、やがて外の世界に変化を与え、現実を創り変えます。

それからしばらくして、1つのオファーをいただきました。

「レイキ・セミナーを大阪で開催してくださいませんか?」

依頼者は、僕の講演会に参加した人でした。講演会で僕の話に興味を持ってくださった方の質問に答えているのを聞いていて、僕のプロフィールの中に「レイキ・ティーチャー」の資格を持っていることを発見したのです。

そのレイキについていろいろお話をしていると興味を持っていただき、「大阪でレイキ・セミナーを行なってもらうには、何人くらい集まったら来ていただけますか?」と尋ねられ、「最低8人集めてくださったら大丈夫ですよ」と答えたら、すぐにピッタリ8名の受講生を集めてくださったのです。

レイキとは、日本発祥で、世界中で500万人以上の方が実践している健康法・能力開発法です。

僕自身は、レイキを通じて、2年間苦しんだ全身のアトピーがたった3日で消えてしまったという劇的な体験がありました。さらに、レイキのヒーリングを家族に行なう中で家族全員の人生が変わり、改めて自分の進むべき道を考え直したことがありました。

それだけに、僕はレイキに深い愛情がありました。

とはいえ、レイキの指導者としてはほんの3カ月ほどのキャリアしかありませんでした。

しかし、僕は精いっぱい講座を行ないました。

その結果、驚くべきことが起きたのです。

レイキは4段階に講座が分かれています。僕が依頼を受けたのは、このうちのレイキ1、2段階でした。

しかし、講座が終わると、受講した方々は1日、2日でレイキという宇宙エネルギーを活用することができる喜びの中で、レイキの3、4段階の講座に次々と申し込まれたのです。中には、指導者の道を志された方もいました。

それだけではありません。講座終了後、こんな声をいただいたのです。

「望月さん、大阪で他にも講座をやってくれませんか？　8人くらいなら、今回のメンバーはみんな、参加したいと思うはずですよ」

当時の僕は、自分から「買ってください」が言えない。それどころか、どんなに相手に喜んでもらえると思っても、価格をお伝えすることができない、ダメな講師でした。経営者としても失格でした。

しかし、このときはお客様のほうから「買わせてください」「もっと教えてください」と申し出てくれたのです。

結果として、この数日だけで昨年の年収の半分を上回る報酬をいただくことができたのです。

20年後に実現したい夢が、2年以内に叶う秘密

「何でもいいから、とにかく動き始めることだよ」

クリストファーさんの言葉が本当に理解できた瞬間でした。

その後も僕は、とにかく動き続けました。「すぐやる」ことを心がけました。少しでもチャンスがあると思えば、また可能性があると思えば、すぐに行動しました。

たとえば、こんな感じです。

◎マネージャーとして直前にリストラされた会社に、講師として契約してくれるように営業に行きました。

◎2回断られたことがあるカルチャー・センターにも講師として提案を持っていくと、3度目の正直で採用されました。

◎ただの読者にしかすぎなかった雑誌社に提案して、連載記事を書かせてもらいました（3社が連載）。

◎さらなる普及のために小冊子も作成しました。

僕はただ不安や怖れから、「すぐやる」ことをせずに「先送り」していたにすぎないことがわかりました。

もちろん、すべてがうまくいったなんて言いませんが、**1つのドアが開くと次々とドアが開いていく**ように感じました。

その結果、僕には予想をはるかに超える未来が待っていました。

①6000万円の借金は、1年で返済。

②2年目には、レイキの本『癒しの手』が出版され、10万部を超えるロングセラーになりました。

③全国主要5カ所で定期的にセミナーを開催できました。

④憧れの船井幸雄先生（著名経営コンサルタント）や七田眞先生（右脳教育）とジョイントで講演する仕事ができるようになりました。

⑤さらに2年後には、待望のセミナールーム付きの3階建ての新居に住むことができました。

いずれも10年、20年後に1つでも叶っていたらうれしいなというレベルの夢でした。

それが2年以内にすべて叶ってしまったのです。

人生の扉は、どこを開いても正解につながっている

「人生の扉は、最初はどれを開いてもかまわない」

「まずは1つ開いて進んでいくうちに、次から次へと扉が開いていく」

この経験を通して、僕が深く学んだことです。

多くの人は、目の前にチャンスの扉があっても、そのまま進むことをためらいます。

目の前の扉を少し開いては、「違う」と思い閉じてしまったり、扉を開いて少し進んだと思っても、すぐに引き返してしまったり、そもそも扉を開くことさえしないで、その前で立ちすくんでしまったり……。

20代の頃の僕がまさにそうでした。

「とにかく能力を高めなければ」とばかり考えて、「頭でっかち」になっていました。

自分では、「すぐやる」行動的な人間だと思っていました。

しかし本当は、「すぐに飛びついて」目の前のことに反応していただけでした。

「今、目の前にあることを一生懸命行なうこと。そこから思いがけないすごい未来が

広がっている」

どん底から這い上がる中で、僕は身をもって学びました。

実は、僕は独立前に夫婦でハワイへカウンセラーの資格を取りに行ったことがあります。

講師の名前は、チャック・スペザーノ博士。『傷つくならば、それは「愛」ではない』などの名著で知られるベテランカウンセラーです。

夫婦で総額８００万円かけての大冒険でした。

その当時から僕は本を書くつもりでした。テーマはもちろん心理学を予定していました。

しかし、実際に出版の機会をいただいたのは、「レイキ」という癒しの手法でした。

僕は、「レイキの望月」として世に出ることになりました。

すべては、目の前の人生のドアを開けるまでは、決して見ることのできない光景でした。

「すぐやる」人には、すごい未来が待っている

「今、目の前にあることを一生懸命行なうこと。そこから思いがけないすごい未来が広がっている」

「だから、あなたも『すぐやる』人になってほしい」

これが僕の伝えたいメッセージです。

「夢は平凡の向こう側にある」とも言います。

とはいえ、こんな想いがよぎることもあるでしょう。

「そんなことを言われても、今の仕事は退屈で仕方ないよ」

「そんなことを言われても、今の現状はつらくて耐えられない」

「とても明るい未来につながっている気持ちになれないよ」

とてもよくわかります。

僕自身も人生のどん底に落ちて這い上がるまでは、とても信じられなかったことですから。

でも、ご安心ください。
そのためのとっておきの方法をお伝えするのが、この本の役割です。
「すぐやる」人とは、決して「すぐになんでも飛びつく」人ではありません。
そこには、1つの大切な基準があるのです。
それは何か？
次章でお伝えしましょう。

第2章

ワクワクが人生の「守備範囲」を決める

「すぐやる」人が持っているもの

野球選手は、ゲーム中は全員「すぐやる」人です。ボールが来れば、一目散に走り、捕らえ、返します。

ただし、がむしゃらに動いているわけではありません。

彼らには、全員「守備範囲」があります。その範囲の中で、「すぐやる」人なのです。

野球選手は9人で広大なグラウンドを守っています。決して1人が全部を守っているわけではありません。だからこそ、円滑にゲームを進めることができるのです。

もし、あなたの人生にも「守備範囲」があったらどうでしょうか？

実は「すぐやる」人は、本人の意識にかかわらず、こんな**人生の「守備範囲」**を持っているのです。

①そこを大切にしたいと思えるところ。

②そこに責任を背負うことのできるところ。
③そこを育て、成長させたいと思えるところ。

その「守備範囲」に来たものは真っ先に気がつきます。そして、情熱をもって取り組むことができます。形になるまであきらめることはありません。

その姿を見て、まわりの人は言うのです。

「あの人はいつも『すぐやる』人だね」と。

ビジネスの成功は「守備範囲」にある

僕がこれに気づいたのは、ビジネスの場面でした。

最初に就職した能力開発会社では、とにかく守備範囲が広いものでした。「営業」「経理」「事務」「編集」、そして「倉庫管理」までしていました。

やがて、「営業」ではなかなか実績が上がらないところから、お客様のフォローを行なうインストラクターの仕事を任されるようになりました。

その後、1年もすると、チーフ・インストラクターとして年間150回、全国で研修を行なうことになりました。そして誰もが知っているような一部上場会社の3日間研修なども何社か、任されるようになりました。

守備範囲が広いところから、一気に狭まりました。その結果、急に飛躍することができました。ここが自分の才能がわかった時代でした。講師・教育者というのは、自他ともに認める天職でした。

それに気を良くし、一度目の独立。

社員は僕だけなので、当然守備範囲が一気に広がりました。

「経営者」「営業マン」「渉外担当」「講師」「プロモーター」「コネクター」「編集」「経理」……。

結局、1年であきらめ、借金だけが残りました。失意の中、ある研修会社に再就職します。社長も社員も日本語が苦手な外国人ばかり。

最初の頃は、全部自分がやらざるをえなくなり、守備範囲は広いままでした。

しかし、前職と異なる点は、会社の発展とともに、人が雇えたことでした。

適切なスタッフを雇っては、その人にふさわしい役割を譲っていきました。

◎その人の個性が輝けるポジションか。
◎その人がそのポジションを通して磨かれるか。
◎その人が責任を持って取り組んでくれるか。

それを見極めつつ、役割を譲っていくわけです。

その結果、自分がいなくても「仕事が回る」仕組みができました。

仕事が回り出したことで、長男の出産にともない、当時では育児休暇を取ることが珍しい時代に、なんと2カ月間の育児休暇を取ることができました。１９９０年代初頭、会社のマネージャー職にある男性にとってはありえないことでした。

しかし、育児休暇が明けると、復帰後の僕にはマネージャーの席はありませんでした。実質的な解雇通知でした。そのため、再独立を余儀なくされました。

しかし、このときは自分の「守備範囲」のことをなかば理解していました。

そこで、僕1人であってもこんな工夫をしました。

◎セミナーについては共同開催を提案し、集客の負担を減らす。
◎会報誌への掲載、小冊子の作成、そして出版などを通して、「お客様から問い合わせていただく」仕組みをつくる。
◎サブ・インストラクターを育てる。

その結果、会社を軌道に乗せることができました。この姿勢は今も変わることはありません。現在は、年間のべ400回のセミナー・イベントを行ない、毎年2万人以上の受講生をお迎えできる会社に成長しました。

このように、組織や社会の「役割」として考えると、「守備範囲」は見つかりやすいかもしれません。

しかし、人生の「守備範囲」となると、少し漠然としてしまいます。

いったい、どのように探せばいいのでしょうか?

人生の守備範囲を教えてくれるもの

鍵は、あなたの「ワクワク」という感情にあります。

「ワクワク」とは、何でしょうか?

僕はこう思っています。

「ワクワク」とは、あなたの魂が本来この世界でやるべきことを思い出した瞬間に起きる感情です。

人はワクワクすると、次のような現象が起こってきます。

【ステップ1】ワクワクは、自分の中の可能性と本来のエネルギーを思い出させてくれます。

↓

【ステップ2】すると、人間は自分の中の可能性と未来を信じることができるようになります。

↓

【ステップ3】たとえ、目の前に問題があっても、「チョロい!　簡単だ!」「挑戦するっておもしろい」と思えます。

【ステップ4】さらに「楽しんで生きる」道を選べるようになります。

↓

【ステップ5】ここまでくれば、自然と無意識に行動してしまっています。「すぐやる」と意識しなくても、「気がついたら、していた」という状態になっているのです。

↓

たとえば、スポーツ観戦やコンサート鑑賞をすると、あなたはとても元気になるとしましょう。

これは、スポーツ選手、歌手がエネルギーを与えてくれているだけではありません。

実は、それを通して、自分の中にある本当のエネルギーを思い出しているからです。

子供の中には、このワクワクの種がたくさんあります。そのため、いつも好奇心にあふれています。子供たちは、そして「すぐやる」人は、**この世界に「限界」ではなく「可能性」を見ています。目の前にあることに「不安」を感じているのではなく、「希望」を見ています。**

しかし、大人になると、多くの人はいつのまにか、自分にも周囲の環境にも限界や不安を感じ始め、このワクワクや希望を失ってしまいます。

そんな感情をもう一度思い出せたらいいと思いませんか?

「もう体験したことがあるよ」と言う方も、さらにすごいワクワク感を体験したいとは思いませんか?

目の前の問題が山積みの人ほど、ワクワクは見つかる

でも、こんな声も聞こえてくるかもしれません。

「人生楽しいことばかりじゃないよ」

「『やらなければならない』ことばかりだよ」

「目の前に問題が山積みで、とてもそんな気持ちになれない」

そう思っている方、安心してください。

いろいろなことに手をつけ、めまぐるしく動いており、まわりからは、スピーディ

で行動的と思われている。しかし、本当にやりたいことはできていない。そんな自分を内心ではよくわかっている。だから能力を高めるために必死に学んでいる——。

そんなあなたのように頑張っている方だからこそ、本当のワクワクは見つかりやすいのです。

なぜならば、ワクワクを感じるために必要なのは、**「今していることが、未来の理想の自分につながっている」という確信力**だからです。

その力は、次の3ステップで身につけることができます。

【ステップ1】未来の理想の自分からのメッセージを聴く。
【ステップ2】未来の理想の自分と対話する。
【ステップ3】未来の理想の自分に会いに行く。

これはいったいどういうことでしょうか？

次の章で、まず【ステップ1】から見ていきましょう。

第3章

未来の理想の自分からメッセージを受け取る
――【ステップ1】

公開！　望月流「すぐやる」技術の全貌

「今していることが、未来の理想の自分につながっていると確信できる力」

これが、この本を通して身につけていただきたい成果です。

そのためにやっていただきたいのは、次の3つのステップです。


【ステップ1】未来の理想の自分からのメッセージを聴く。

【ステップ2】未来の理想の自分と対話する。

【ステップ3】未来の理想の自分に会いに行く。


これが、望月流「すぐやる」技術の全貌です。

一歩ずつ丁寧にお伝えします。

この章では、まず【ステップ1】を一緒に学んでいきましょう。

本物の夢にある3つの条件

まず、最初に考えてほしいことがあります。

「未来の理想の自分」とは何でしょうか？

これを考えるには、「夢」という言葉にきちんと向き合う必要があります。

「夢」という言葉には、百人百様のイメージがあるかもしれません。ともすれば、こんな言葉と混同されます。

「空想」「妄想」「野望」「欲望」「目的」「目標」「ノルマ」……。

これらの言葉と「夢」は何が違うのでしょうか？

実は、本物の「夢」と呼べるには、3つの条件があります。

①理想の自分が本来の可能性を発揮したときに実現する未来の光景のこと。

②今の自分を理想に導くメンターとして、今現在の自分のあり方を変えてくれるもの。

③現実から逃避するものではなく、むしろ現状を突破する力を与えてくれるエネルギーである。

「目標」や「欲望」は、達成すれば終わりです。

しかし、「夢」の実現には終わりはありません。

なぜならば、常に現状を乗り越え、人生の目的を果たすところまで引っ張り上げ、成長に導くパワーがあるからです。


では、本物の「夢」は、どうすれば見つかるのでしょうか？

それは、他人が与えることはできません。**自分自身で見つけ、受け取るしかないの**です。

そして、次のような根本的な問いかけにかかわってきます。

「自分は何のために生きているのだろうか？」

「自分のこの人生の使命はなんだろうか？」

「自分はこの人生でどんな足跡を残すために生まれてきたのだろうか？」

だからこそ、真剣に夢を叶えた人は言います。

「あのとき、夢が、降りてきた」

「あのとき、夢が、降ってきた」

こんな言葉を耳にすると、

「そんなことが自分にも起きるのだろうか？」

「やはり特別な人しか、夢なんて実現できないのだろうな〜」

と思うかもしれません。

でも、どうか安心してください。

あなたにもそうした瞬間が必ず来ます。そのための鍵を、1人の日本人が残してくれました。

感情が使命を教えてくれる

①僕らは、「天からの封書」を持って生まれてきている

国民教育家であり、「全一学」の提唱者、森信三（1896-1992）という方

がいます。

先生は、次のように言います。

「われわれ人間は、お互いに『天の封書』をいただいてこの世に生まれております。そこにはそれぞれ自分がこの世に派遣せられた使命の内容が書きこまれております。少なくとも四十歳までに、天から拝戴した封書をみずから開封し、しっかり読み取らねばなりません。

与えられた天からの使命を読み取るか否かが、その後の人生の行き方において雲泥の差が生ずることは、言うまでもありません。

思えばなんと天の封書を読まずに人生を終わる人の多きことよ」


さて、ここで質問です。

あなたは、次のどちらを選びますか?

(A) 与えられた天からの使命を読み取ることができます。
(B) そんなことを一度も考えないで、「天からの封書」にある人生の真の使命を試

みることなく、一生を終えることができます。

当然、（A）ですよね。

そんなあなたに、「天からの封書」が届けられるタイミングをお伝えします。

②感情のうねりが使命を知らせてくれる

あなたに「天からの封書」が届けられるタイミングは、**「感情が大きく動いた」ときです。**

そう、あなたが自分の中で湧き上がってくる「感情」のうねりを感じたとき。

それが、あなたがこの世に生を享《う》けた意味を天が思い起こさせてくれるときなのです。そして、それはあなたがこの世界ですべきことである使命を鮮明に見せてくれます。

そのとき、あなたの体中に自信がみなぎり、意識しなくとも自然と「やる気」が心の奥底から湧き上がってくることでしょう。そして、いつのまにか夢中になって行動し、大きなことを成し遂げているでしょう。

この状態をつくるのが、本質的な「すぐやる」技術です。

③「感情」のマスターになろう

ここからは、あなたに「感情」をマスターしてほしいと思います。

未来の理想のあなたは、感情を通して、今のあなたに語りかけてきてくれます。

それに対して、いかにして耳を傾け、そのうねりを感じるかが大事です。

一歩一歩進んでいきましょう。

あなたは、「成功感情回路」を持っている

①僕らは「感情社会」に住んでいる

こんなＣＭを見たことがありませんか？

〈場面１〉自分自身を重ねられるような共感できる主人公が出てくる。

〈場面２〉その主人公は、何らかの「不満」「悩み」「課題」「不快感」を背負ってい

る。

（場面3）そこに新登場の商品が表示され、目にも鮮やかに問題を解決してくれる。

（場面4）最後に気持ちを豊かにしてくれるような光景や主人公の笑顔で終わる。

さて、この中にどれだけ「感情」が出てきたでしょうか？

実は、僕らは商品そのものではなく、その商品がもたらしてくれる「感情の変化」にお金を出しているのです。

だから、ＣＭも感情を動かす物語風のものが多いのです。

このように、現代社会は、さまざまな工夫で僕らの感情に訴えかけ、巧妙に誘いかけて、行動を促していきます。

「私情（情熱）が市場をつくる」とも言います。

「人は理性でなく、感情で動く」とも言います。

現代の社会ほど、人の「感情」に注目が集まっている時代はありません。

②学校には「感情」の授業はなかった

ここで、1つの問題があります。

現代ほど、人と接することなく生きていける時代もありません。

そのため、**多くの人が、自分の感情を感じるのが苦手になっています。**そして、**人の感情を察することもできなくなっています。**

つまり、感情を感じる回路が細く、弱くなっているのです。

さらに、学校教育では「感情」の授業はありませんでした。会社組織では、「感情」は真っ先に無視されます。

特に20世紀（1900年代）は、大量生産をロボットの代わりに人間が行なうことが求められる時代でした。そこではロボットのように生産性や効率を上げ、長時間、頑張れるように求められてきました。「感情」を殺して、家族のために生きることが求められていたように感じたのです。

そのため、僕らはこんな誤解を抱いて大人になります。

◎感情にはいい感情と悪い感情がある。

◎感情を理性で抑えることが教育だ。
◎相手の非を責めるより、まずは自分の非を認めるべきだ。

これらは、すべて誤りです。

なぜならば、**感情とは「エネルギー」の1つに過ぎません。**

たとえば、「怒り」と「意欲」はコインの裏表で、「怒り」を抑えると「意欲」も失われます。捉え方によって、「怒り」に映ることも、「意欲」に映ることもあるのです。

大切なことは、火力や電力と同じように、使い方と使う方向性を誤らないことです。

感情のエネルギーは、ある意味火力や電力より強力です。

人を動かし、時として歴史までも動かすからです。

たとえば、民族解放運動に貢献したキング牧師やガンジーは、民衆の「怒り」のエネルギーを生産的な人権運動に変えて歴史を動かしました。

また、失恋の悲しみ、痛み、寂しさを小説や歌などの創作の源として、芸術に昇華させた例はいくらでもあります。

しかし、その方法は、残念ながら学校では教えてくれません。

そのため僕らは、「感情」というエネルギーを抑え込み、我慢できなくなると、自分や他人にぶつけるしかないのです。

でもご安心ください。

その方法を伝える役目をお任せいただければと思います。

実は、**感情を感じるための回路を太くするトレーニング**がちゃんとあるのです。

しかも、たった5分間で！

③トレーニングは「再現性」のためにある

ここでこんな声もあるかもしれません。

「トレーニングなんてするの？　めんどくさそう」

なぜ、すべての人にトレーニングが必要なのか？

それは、「再現性」を手に入れるためです。

教育の大きな目的は、スキルの「再現性」を手に入れることにあります。

高額の宝くじは、一度当たったとしても二度目はほぼ当たりません。根が張っていない花は、来年は咲きません。

僕があなたにできることは、いつでも、どんな環境でも、今していることと未来の理想の自分を結びつけることができる技術を身につけてもらうことです。

「走った距離は裏切らない」(野口みずき：アテネオリンピック・マラソン競技金メダリスト)

だからこそ、一緒にトレーニングをしていきたいと思います。

「成功感情回路」を強化する5つのステップ

トレーニングとはいえ、難しいことはありません。

しかも、つらいトレーニングではなく、とても楽しいゲームのようなものです。

次の**5つのステップを各1分程度、合計5分ほど繰り返していく**だけです(慣れてくればもっと短縮も可能です)。

【ステップ1】ベスト・シーンを描く
【ステップ2】過去の成功感情回路を強化する

【ステップ3】未来の失敗感情回路をやる気に変える
【ステップ4】未来の成功感情回路を強化する
【ステップ5】今、取り組んでいることの成功感情回路を強化する

しかし、ちょっとした空き時間でも十分効果が得られます。**一番いい時間帯**は、イメージが潜在意識に入りやすい朝起きた直後と夜寝る前です。

【ステップ1】ベスト・シーンを描く

「ベスト・シーン」とは、**今まであなたが体験したことで最高に幸せや喜び、感動したときのこと**です。

その中でも最高のシーン＝「ベスト・シーン」を決めましょう。

そのときのことを、五感をフル活用して思い出してみてください。

まるで再体験しているようになれば、ベスト中のベストです（これは、すべてのステップに共通することですので、覚えておいてください）。

そのときのシーン、イメージを思い出し、そのとき、自分が言ったり、愛する人から言われたりした言葉を思い出し、そのとき心が温まり、全身の細胞が幸せと喜びで包まれるような瞬間、魂が愛で満たされ、胸が高鳴ったときのことを思い出してください。

そして、そのときと同じように呼吸し、そのときのような姿勢をとり、表情を変え、そのときと同じように語り、同じように体を動かしてみましょう。

もし思い浮かばないときは、「とてもリラックスしているときのこと」を思い出してもいいでしょう。

「リラックス」している状態は、潜在能力を発揮しやすい状態になり、続くステップ2〜5を描くのに最適な状態になります。

ちなみに僕は、こんなシーンを浮かべています。

◎新婚間もなく、ハワイで3カ月過ごしたときのワイキキのビーチやスイート・ルームのバルコニーで妻と幸せを満喫しているときのこと。

◎出版記念講演会に多くの方が駆けつけてくれ、「本も講演も最高でした」「感動しました」と次々と感動の握手を求められているときのこと。

◎会場と一体化したセミナーとなり、最高のパフォーマンスを発揮し、スタンディング・オベーションで送られたときのこと。

他にも、たとえば、

◎誕生日パーティーや結婚式、祝賀パーティーに大好きな仲間が集まってお祝いをしてくれたときのこと。

◎大好きな人や尊敬する人から、忘れられないようなうれしい言葉をかけられたときのこと。

◎大好きな仲間と過ごしたときのこと。

◎忘れられない旅の思い出。

◎大好きなことをしているときのこと。

◎夢が実現したときのこと。

そのような中から「ベスト・シーン」を選んでください。

もしこのようなイメージが思い浮かばなければ、「とてもリラックスしているときのこと」を思い出してもＯＫです。

◎温泉やお風呂でゆったりとくつろいでいるときのこと。

◎ソファーでくつろいで、大好きな音楽を聴いているときのこと。
◎自然の中で休暇を満喫しているときのこと。
などなど。

ただ、頭がボーッとして、眠くなっている状態ではなく、スッキリとしている状態を描けるといいでしょう。

さて、あなたの「ベスト・シーン」は何ですか？

ぜひ考えてみてください。


この「ステップ1」は、**最初は5分程度を使ってイメージするだけでOK**です。それだけでも効果があり、楽しいし、心地いいものですので。

ただ、目的が成功感情回路を強化し、夢の実現をスムーズにすることだとしたら、**慣れるにしたがって、30秒から1分程度に短くしてもいい**でしょう。

【ステップ2】過去の成功感情回路を強化する

「ステップ2」では、**今まであなたが成功したり、能力をうまく発揮したときのこと**を思い出してみてください。

そのときの喜び、幸せ、楽しさ、感激、感謝、充実感、達成感など……。

「ステップ1」と同じく、できれば五感をフル活用し、再体験しているようになればベストです。

このトレーニングを続けると、あなたはやがて過去をすべて受け入れることができるようになり、自分に対する「自信」が持て、セルフ・イメージが上がってきます。

「ステップ2」の目的は、あなたの過去の成功感情回路を強く、太くすることです。

たとえば、**仕事で成功したい**と思うなら、今までやった仕事でスムーズにいったこと、自分で納得・満足したこと、高く評価されたこと、お客様に喜んでもらったことなどを思い出します。

あるいは、途中でちょっと問題や壁にぶつかったけれど、最後にはその壁を乗り越えて成功した経験などもいいですね。

そのときの喜びや幸せ、楽しさ、感動、感謝、充実感などを繰り返し味わうのです。

もしあなたが**セールス能力、コミュニケーション能力を高めたい**と思うのなら、初めてセールスに成功し、お客様に喜んでいただいたときのことや今までで最高の成績を上げて評価されたり、表彰されたときのことでもいいでしょう。

「あなたと話していると、いつのまにか心が軽くなって、何でも話せるようになる」なんて言われたことや今まで一方通行のように感じていた人と双方行通行になり、理解し合えたときのことなどを思い出し、その喜びや感動を繰り返し味わいます。

記憶力・集中力・理解力を高めたいのならば、中学時代にいい点数を取り、先生からみんなの前でほめられたときのことやスイスイ理解できる本に出会い、今までわからなかったことがパッとわかり、楽しかったときのことなどを思い出します。スポーツや趣味に熱中したときのことでもいいでしょう。

このようなことを繰り返し行なうと、「失敗感情回路」に流れ、失敗パターンに導かれてしまっていたことが、「成功感情回路」につながり、成功パターンが生まれてきます。

その結果、次のような効果や変化が期待できます。

◎自信が持てる。自信が蘇る。
◎積極性が湧いてくる。
◎感謝の気持ちが湧いてくる。
◎過去の絶好調のときの自分を思い出す。
◎今までの成功のポイントが整理されてくる。
◎迷いがなくなる。
◎かつての情熱を思い出す。

などです。
ぜひ実際にやってみて、あなたもこのような変化を体験してほしいと思います。

【ステップ3】未来の失敗感情回路をやる気・行動に変える

①能力を発揮し、結果を出す2大条件

「失敗したときのことを考えるな！」と命令されても、失敗したときのことを考えてしまうことはあるものですよね。

「ピンクの象を想像するな！」と言われると、今まで想像したこともなければ、現実に見たこともないピンク色の象さんが頭に浮かんできます。

誰だって未来に不安を感じたり、時には最悪のシーンなどが浮かんできてしまうことはあるものです。

それを逆にやる気や情熱に変えることができたらいいと思いませんか？

キング牧師やガンジーのように「怒り」のエネルギーを生産的な人権運動に変えて歴史を動かした如く、あなたの人生を変えられたらすばらしいですよね。

ここでは、**あなたが行動しないではいられないように、不安や怖れや怒りなどを生**

産的なエネルギーに変えていきます。

人間が能力を発揮し、結果を出す2大条件とは、実は**「大好きなこと」**、**そして「ピンチ」**なのです。

「ピンチ」、つまり、差し迫った恐怖や苦しいことがあると、人は次の3つのパターンに分かれます。

①その恐怖や苦しさを忘れようとしてお酒や趣味などに逃げようとする。
②グズグズ先送りして、その恐怖や苦しさが通り過ぎるのをただ願って待つ。
③その問題解決に向けて「すぐやる」ことで恐怖や苦しさを半永久的に解決する。

あなただったらどうしますか?

もちろん、③に決まっていますよね。

でもグズグズして先送りするのではなく、「すぐやる」にはどうしたらいいのか、僕たちは誰からも教わってきませんでした。

その方法が**「怖れ」や「苦しい」ことなどを「自信」や「やる気」「情熱」の間に**

サンドイッチすることなのです。

すると、「怖れ」や「苦しさ」「不安」がある分、いっそう「すぐやる」行動力を引き出すのです。

②爆発的な力を生み出すには？

ステップ1、2で「ベスト・シーン」を描き、自信を持った状態になると、未来の恐怖や不安に振り回されることなく、力に変える準備ができます。

ここで、**このまま「すぐやる」ことなく、「先送り」したら未来はどうなるか？**

あきらめて行動しなかった未来のあなたを想像します。

ちょっとイヤーな感じが出てきます。でも少しだけ耐えてください（それが爆発的なエネルギーを呼び込みますので）。

そして、「そんなふうになりたくない」「絶対、イヤだ！」と未来を先取りして後悔することで、「今すぐやる」という行動スイッチに火をつけることができます。

あきらめて行動しなかった未来のあなたを想像するための質問は、次のようなものです。

◎夢に挑戦しないで、挑戦してもすぐあきらめてしまったあなたはどんな感じがしますか？
◎言い訳をして実行していないあなたを想像してどう思いますか？
◎どんな残念なことが起こりそうですか？
◎振り返ったときに何を後悔すると思いますか？
◎そんなあなたを見て、まわりの人はあなたに対して、どう思うでしょうか？
◎またあなたを見て、まわりの人も「やりたいことを先送りしている」としたらどう感じるでしょうか？
◎3年後、5年後に、10年後に、最悪どんなことが起こりそうですか？

「そんなふうにはなりたくない！」と思いますよね。

きっと「だったら、今すぐできることから行動しよう！」という気持ちが湧き上がってくるはずです。

僕は25年前、三重苦・四重苦のとき、ピンチが目の前に差し迫っていました。

すると今まで「やりたいことを先送り」していたのが、「すぐやる」人間となっていました。

その後も、頭の中にピンチを思い浮かべると適度なカンフル剤となり、爆発的なエネルギーが生まれ、行動力が出てきて、いい結果にも結びつくようになっています。

究極的には、**感情に「良い」「悪い」はありません**。要は、活かし方次第なのです。

この「ステップ3」は、心が少し痛いと感じる人がいるかもしれませんが、他のステップよりも少し短めでかまいませんので、**30秒から1分程度**、イメージしてみてください。

今まで、失敗回路が強かった人、心配性の方など以外は、五感で感じればよりいっそう効果的です。

【ステップ4】未来の成功感情回路を強化する

「ステップ4」では、いよいよ**あなたの夢や目標、願望、明るい未来、輝かしい未来**

を思い描きます。

「すでに夢が実現して喜びや感動を味わっている自分の姿」を五感で感じられればベストです。

ステップ3で、未来の不安や怖れというエネルギーを利用して、やる気や行動というエネルギーに変えています。だから、いっそうこの「ステップ4」を行なうことによって「今すぐやる」ことにつながります。

ワークをする際は、こんな質問を考えてみてください。

◎あなたの夢は何ですか？
◎こんなことが実現したら本当に最高だと思うことは何ですか？
◎どんな環境に住み、どんな毎日を過ごしたいですか？
◎もし理想の1日が過ごせるとしたら、どんな1日にしたいですか？
◎どんなパートナー、家族、仲間に恵まれたいですか？
◎どんな仕事をして、どんな同僚やどんなお客様に恵まれたいですか？
◎どんな資質を磨いていきたいですか？

◎どれだけ収入を得たいですか？
◎どんなものを手に入れたいですか？
◎休日はどんなことをしたいですか？
◎もし自由に使えるお金が1億円あったら何に使いますか？
◎もし1年間、自由な時間が与えられたら、何をしますか？
◎もし余命半年だと言われたら、何をしますか？

どんなことでもかまいませんので、想像力をふくらませ、あらゆる制限を外してここでは空想してみましょう。「それはありえない」と思えるくらい、「楽観的すぎる」と思えるくらいでいいのです。

最初は「そんなことありえない」と思えていても、3年後、10年後のことなら問題ありません。

このイメージを繰り返し思い描くことで、未来の成功感情回路が強化され、違和感が薄れ、次第に「実現できるかもしれない」とワクワクしてきます。

最終的には、リアルに実現していることを感じられるようになってきます。まるですでに実現したかのように……。
するとと次のような効果や変化が起こってきます。

◎やる気や情熱が湧いてくる。
◎行動力が出てくる。
◎成功のシナリオが描けてくる。
◎人生の目的が見えてくる。
◎セルフ・イメージが一気に高まる。
◎インスピレーションが湧いてくる。
◎不安や心配をワクワク感に変えることができる。
◎苦手なこと、嫌いなことがニュートラルになり、好きで得意なものになる。
◎心から手に入れたい夢と見かけの願望の区別が明確になる。

などなど。
深い意識のレベルでは「想像＝創造」です。

あなたが心の底から望むものは、あなたに実現できるものです。

そうでなければ、イメージし続けることができません。

リーダーや成功者や夢を叶えた人は、**「理想の状態を繰り返し繰り返し、頭の中でイメージし、言葉にし、行動を起こした人」**です。

私たち人間の「能力」の差はほとんどありません。「想像力」に差があるだけです。

【ステップ5】今、取り組んでいることの成功感情回路を強化する

この「ステップ5」では、次のことをイメージします。

◎今、取り組んでいることがスムーズに進んでいること。
◎今、取り組んでいることが理想的な展開になってワクワクしているところ。
◎今、取り組んでいることで最高のパフォーマンスが発揮されているところ。
◎今、取り組んでいることに前向きに考えて、行動しているところ。

◎仮に問題や壁が生まれても、それをスイスイ乗り越えて、望んだとおりの結果が出ているところ。
◎今日、明日……、1週間の予定がスムーズに進んでいるところ。
◎自分が今日することが目の前の人に喜ばれているところ。

このワークを続けていくと、「すぐやる」人に変わっていきます。

今、目の前のことに集中し、熱中し、スピーディーに行動を起こすことができます。また問題が出てきても、くじけず、へこたれず、頭をフル回転して、前向きに行動することができます。

言うまでもなく、三振すると思ってバッターボックスに立つ一流プレーヤーはいません。負けると思って、リングに上がるチャンピオンはいません。売れるわけがないと思って本を書くベストセラー作家はいません。

理想的な状態を頭の中に描いて目の前のことに取り組むから、力が発揮され、集中し、成果を出すことができるのです。

この5つのステップを繰り返し行なうことで、次のような成果と変化が期待できます。

◎1日が予定どおりに進む。予想以上の結果が出てくる。
◎実力がスムーズに高まっていく。
◎先見力、予測能力が高まる。
◎シンクロニシティ（意味のある偶然の一致）が頻繁に起こる。
◎行動に無駄・無理・ムラがなくなる。
◎見落としていたものに気づく。
◎必要な情報が集まってくる。
◎今、目の前のことに集中し、力を発揮できる。
◎やるべきことが明確になる。
◎瞬時の判断が的確になる。

などなど。

ぜひあなたもこれらの成果と変化を味わってほしいと願ってやみません。

1人の批判の後ろには、100人の応援団がいる

実はこのトレーニングは、**あなたの脳の中で、理想的な状態を毎日リハーサルしていることと同じ効果**があります。

なぜならば、脳は想像と現実の区別がつかないからです。

つまり、リハーサルを繰り返し行なっていると、実際に行なっているのと同じ反応が心身に起きるのです。

僕の体験を分かち合いましょう。

僕は1993年から「レイキ」という健康法・能力開発法をライフワークとしてお伝えしています。

「レイキ」は漢字で、「霊氣」と書きます。

「怪しい」「カルト宗教じゃないの?」「何をするかわからない」

こんな声も聞こえてきました。そもそもビジネスになるのかもわかりません。

しかし、僕には1つの想いがありました。僕と僕の家族は、レイキで救われました。

◎レイキのヒーリングをすることで、それまで2年間、治らなかった全身のアトピーが消えた。

◎レイキのヒーリング中に浮かんだ想いから、生まれてきて保育器の中にいる長男に少しでも長く手を当ててあげたいと思い、人生の転機となる2カ月の育児休暇を取った。

そんな体験をした僕は、「きっとレイキを待っている人がいるはず」と確信していました。

僕はこんな夢を持っていました。

◎一家に1人、レイキのヒーラーやティーチャーがいる。
◎そこでは家族が互いに癒し合い、助け合っている。
◎そんな笑顔で日本中があふれている。世界が愛で包まれている。

このイメージは情熱の源になりました。

「できることはなんでもやろう！」「誰かがやったことがあることなら、とりあえずやってみよう！」

その結果として、1994年の春から毎週末に行なったレイキ・セミナーはほぼ満員御礼をいただけるようになりました。それが25年続いているのです。

僕は確信しました。

「1人の批判の後ろには、100人の応援団がいる！」と。

普通の人は1人に非難されてやめてしまう。

リーダーは1人に非難されて改善する。

その結果、クレーム客が応援してくれるようになり、批判者が協力者となる！

あなたが今どんな状況にあっても、必ずあなたを待っている人がいます。

ぜひそれを信じてください。

そして、そのためにもう1つ差し上げたい言葉があります。

世界的カウンセラー直伝！あなたの未来に希望を灯す5つの質問

①「だからこそ」が言えれば、人生は変わる

あなたが今どんな状況であっても、必ずあなたを待っている人がいることを信じるために、ぜひお贈りしたい言葉――。

それは**「だからこそ」**です。

実は、僕は31歳まで男女のパートナーシップに縁がありませんでした。

女性に声をかけられない。近づきたくても近づけない。

それを乗り越えていく過程で、16歳のときにカウンセリングを受け、人間の心理に深い興味を抱くようになりました。

それを乗り越えていく過程で、31歳のときにハワイで受けたセミナーで、母親との関係に向き合い、生まれ変わるような経験をしました。そして、帰国後1カ月以内に今の妻となる女性に奇跡的に巡り会うことができました。

「だからこそ」、僕は今、情熱を持ってパートナーシップの大切さをお伝えしています。

「だからこそ」、僕は今、情熱を持って妻に2つのことを約束しています。

「お互い年を重ねれば重ねるほど、幸せな夫婦でいること」

「お互いが見つめ合うのではなく、同じ夢の方向を目指す夫婦であること」

②世の中には、「良いこと」と「学ぶこと」しかない

とはいえ、僕も最初はこのようにはいきませんでした。

「なんで自分ばかりこんな不幸が起きるんだ」と神様に文句を言いたくなる日もありました。

そんな僕に、第1章でも登場したクリストファーさんは、こんな言葉を教えてくれました。

「世の中には、『良いこと』と『学ぶこと』しかない」

そして、こんなワークを教えてくれました。

ぜひあなたにも分かち合いたいと思います。

【ワーク1】次の4つのことを書き出してみましょう。

（1）今までの自分の人生の中でうまくいったベスト10
（2）自分の人生のピンチだったワースト10
（3）今あるチャンスや資源
（4）今抱えている問題・悩み

【ワーク2】（1）のベスト10を見つめて考えてみましょう。

◎そこからわかるあなたの才能は何ですか？
◎そこからわかるあなたの情熱は何ですか？
◎そこからわかる他人に喜んでもらえる強みは何ですか？
◎そのとき、喜びや幸せを分かち合った相手は誰ですか？
◎もしこの経験を神様が与えてくれたとしたら、どんな意味がありますか？

【ワーク3】（3）の今あるチャンスや資源を見つめてみましょう。

◎その後、どんな良い未来が起こりそうですか？　想像を広げて浮かんでくるイメージやアイデアを書き溜め、できるところから行動しよう。

【ワーク4】（2）のワースト10を見つめて考えてみましょう。

◎この経験からどんな学びがありましたか？　成長できましたか？　鍛えられたことは何ですか？

◎それをどのように乗り越え、立ち直りましたか？

◎同じように苦しんでいる方がいたら、何と声をかけてあげますか？

◎もしこの経験を神様が与えてくれたとしたら、どんな意味がありますか？

【ワーク5】（4）の今抱えている問題・悩みを見つめてみましょう。

◎この経験からどんな学びがありそうですか？

◎成長できそうですか？　鍛えられそうなことは何ですか？

◎ここからどのような成長のドラマが待っていると思いますか？

このワークを繰り返すことで、あなたには徐々に「理想の未来のあなた」が明確になってきます。そして、あなたの使命・天命に思いを馳せることができます。

失ったときに初めて気づく重要なことを、先送りしていないか？

僕がどん底にいたとき、僕の支えになり、「やりたいことを先送り」しているときに活を入れてくれた詩があります。

僕はこの詩を読むたびに、また思い出すたびに、自分の心に火がつきます。

そして、25年前の状況は二度と繰り返さないように誓うとともに、人生に感謝しないではいられなくなります。

この詩を紹介してくださったのは、レオ・バスカリア博士です。南カリフォルニア大学で「愛の教室」というユニークな授業を行なっていたベストセラー作家です。

博士は言います。

残念なことに、なんと大勢の人びとが、いかに多くのことをあしたのために投じてきているこことだろう。

いまこのつぎの瞬間になにがおきるかはだれにもわからない。そして未来は永久に訪れてこないかもしれないのである。

ある少女が、一篇の詩を私にくれた。公開してもいいということなのでご紹介しよう。

ちょうどこの詩は、私たちがものごとをあしたにのばしているということ、特に、心から愛する人たちを大切にするのをのばしていることについて書かれている。

少女は、この詩に「あなたがしなかったこと」という題をつけてこんなことを書いている。

——

おぼえてる？　私があなたの新しい車をかりてへこませてしまったときのことを

殺されちゃうかと思ったのに、あなたはそんなことはしなかった

おぼえてる？　私があなたを浜辺にひっぱっていったときのことを——

あなたは雨になるっていった
そしてやっぱり雨が降った
「そうれみろ」っていわれちゃうかと思ったのに、あなたはそんなことはしなかった
おぼえてる？　やきもちをやいてもらいたくて、私が男の子たちと遊びまわったときのことを――
あなたはやっぱりやいてくれたわ
捨てられちゃうかと思ったのに、あなたはそんなことはしなかった
おぼえてる？　あなたの車のシートに私がイチゴのパイをひっくり返してしまったときのことを――
ぶたれるかと思ったのに、あなたはそんなことはしなかった
おぼえてる？　私がフォーマルなダンス・パーティーだってことを言い忘れて、あなたがジーンズで来てしまったときのことを――
もう絶交されちゃうかと思ったのに、あなたはそんなことはしなかった
あなたがしなかったことは、たくさんたくさんあった

あなたは私のことを我慢し、私を愛し、私を守ってくれた
お返しに、こんどは私があなたにたくさんのことをしてあげたい
あなたがベトナムから帰ってきたら――

でも、あなたは帰ってはこなかった

――レオ・バスカリア著『〝自分らしさ〟を愛せますか』三笠書房

人は、人生は永遠に続くものと考えがちです。

すると、人生で一番大事なことであっても、ついつい「先送り」して、後回しにしてしまいます。重要であっても緊急性がないと思っているものは、置き去りにされてしまいます。

困ったことに**多くの人々は、重要かどうかは後回しにして、緊急なことで頭がいっぱいです**。

たとえ家族と余暇を過ごしていても頭の中は緊急なことに奪われている人もいます。

それが死を意識することによって、今を生きることになり、あなたの人生がにわかに

輝いてきます。

かけがえのない人を失ってからその重要性、すばらしさに初めて気づくことがあるものです。目の前にいる間にそのすばらしさを味わい、讃えることが、どうしてできないのでしょうか？

そう言いながら、僕も関係が悪化してからその人はかけがえのない人だったと初めて気づくということが二度、三度ではありませんでした。

失ってからなら、誰でもわかります。失う前に今、目の前にあるもののすばらしさに気づいていれば、どんなに心が平安で幸せを感じ良好な関係を築き、さらに発展させることができて、すばらしいことになるでしょう。

今、この瞬間に身近な人に手を差し延べましょう。ちょっとした勇気さえあれば、手の届くところにその人はいるのですから。

忙しく（心を亡くし）、慌しい（心が荒れる）毎日かもしれませんが、それこそが人生で一番大事なことかもしれません。

これは人間関係だけではありません。今、手にしている幸せ、健康、仕事、家庭、平和などにも当てはまります。

人生の優先順位を見直す究極の2つの質問

①72時間以内にやらないなら、一生やらない

決断の大切さを説く人はたくさんいます。

しかし、**決断にも実は寿命があります。**

「72時間（3日）以内にやらないことは、一生やらない」という考えがあります。

3日も過ぎれば、自分の中の優先順位は変わってしまいます。

3日を過ぎれば、最初のエネルギーは萎みきってしまいます。

これはあまりにもったいないことです。

②ネガティブな質問が人生の優先順位を教えてくれる

そこで、僕は実習でこんな質問を行ないます。これは究極の質問です。

――**【ワーク1】これから3日間があなたに残された最後の時間だとしたら、誰と過**

ごし、何をしますか？

【ワーク2】あなたの両親と、人生においてかえがえのない3人の人（計5人）に宛てて、今日が別れの日だと思って手紙を書いてください。

この質問の目的は、**「人生の優先順位を見直してもらう」**ことです。

「あんまり考えたくないな」「縁起でもないよ」

そう思った方もいるかもしれません。

たしかにネガティブな質問です。しかし、こうしたネガティブな質問にも意味があります。

人は非常事態のことを思うとき、平常な今のありがたさがわかります。そして、**今すぐ本当にやるべきことに気づく**のです。

とはいえ、ネガティブばかりでもいけません。「9割ポジティブ、1割ネガティブ」ぐらいがいいでしょう。

ぜひ、あなたも1割のネガティブな質問に挑戦してみてください。

そして、【ワーク1】を通じて、これから3日間があなたに残された最後の時間だと考えて、頭に思い浮かんだ人と過ごし、やりたかったことをやってみてください。

次に【ワーク2】「あなたの両親と、人生においてかえがえのない3人の人（計5人）に宛てて、今日が別れの日だと思って手紙を書く」だけでなく、その手紙を実際に出してみてください。そして、できれば、目の前で読んであげてください。

このワークでは、もう奇跡的としか思えないことが数えきれないくらい起きています。

たとえば、

◎別れた彼からその日にプロポーズされ、結婚が決まった人。

◎長年の恨みが実は単なる誤解だということに気づき、今までと比べものにならないくらい絆が深まった親子。

◎怖れや気恥ずかしさを乗り越え、勇気を出して父親にレターを出したところ、そこから何事にも前向きになり、一気に売上が10倍以上になった人。

など、たくさんの成功事例があります。

③人は、「感情」で時間を旅する

ここまでのワークはいかがでしたか？

あなたは、過去・現在・未来を「感情」を通して旅しました。

その旅の中で、もしかしたら使命に出会い、本物の夢が降ってきたかもしれません。

もちろん、今はおぼろげでもかまいません。これから徐々に形にしていけばいいのです。

そのためにも、ぜひ知っておいてほしいことがあります。

それは、あなたの「感情」と「行動」と「時間軸」の関係性です。

「感情」と「時間」のマトリックス

①今を我慢して、未来の栄冠は得られない

「過去への後悔」と「未来への不安」。僕らの心には、常にこの2つが住んでいます。

そして、この2つにエネルギーの90％を奪われています。

感情と時間のマトリックス

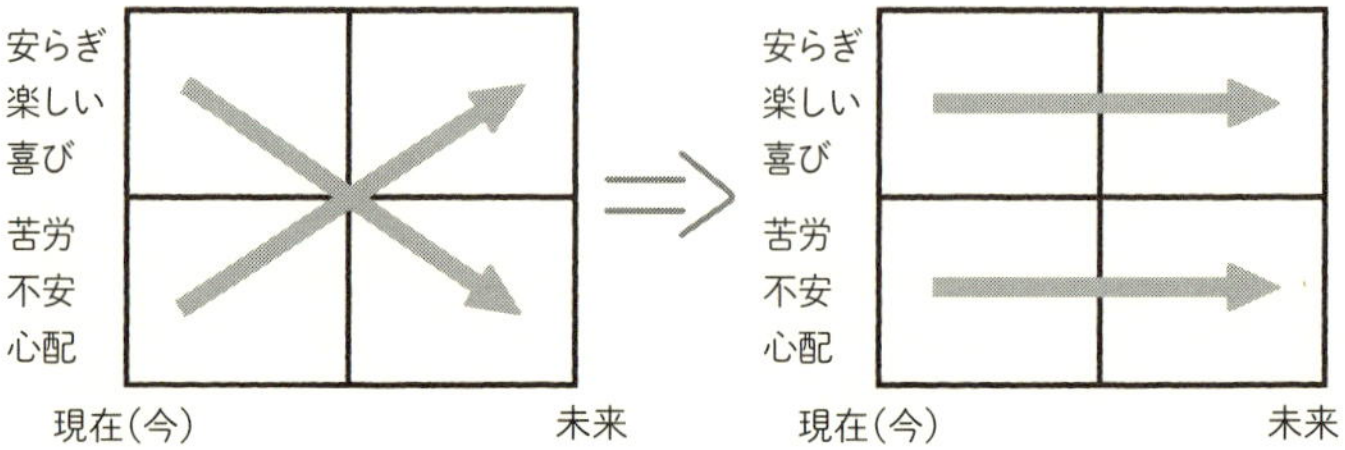

「今の楽しみ」⇒「未来の苦しみ」、「今の苦しみ」⇒「未来の楽しみ」と考えがちだが、「今の楽しみ」はもっと大きな「未来の楽しみ」を生み出す。

だから、こんな言葉をよく聞きます。

「今を楽しむと、あとからつらいことが来るよ」

「今を我慢して頑張れば、あとは楽だよ」

「あのときちゃんとやっていたら、今はもっと良くなっていたはずなのに」

でも、ここで立ち止まってみましょう。

僕はあえて言いたい。

「未来の栄冠は、今の我慢では得られません」と。

②今は楽しい、未来はもっと楽しい

「感情」と「時間」の関係を整理するとおもしろいものが見えてきます。

多くの方が次のように考えています。

◎今感情を抑えてやるべきことをやれば、楽しく明るい未来が待っている。
◎今感情に任せてやりたいことをやると、暗くて刹那的でみじめな未来が待っている。

こう考えると、行動を「先送り」してしまうのも仕方ありません。

でも、僕の考えは違います。

「未来の感情を先取りして今を楽しむ人には、それ以上の明るく楽しい未来が待っている」と。

③ワクワクは、我慢からは生まれない

この本を通して、あなたには「今していることと未来の理想の自分がつながっている」と確信できる力を手に入れていただきます。

しかし、それはあなたに「我慢」や「苦労」を強いるものではありません。

とても明るく楽しいものです。

だからこそ、心が躍るようなワクワクを感じることができ、気がついたら「すぐやっている」ことができるのです。

次の章の【ステップ2】では、そのための**秘密兵器**を差し上げます。楽しみにしていてくださいね。

第4章

未来の理想の自分と対話する

――【ステップ2】

成功法則・夢実現の秘密兵器

その秘密兵器の名前を**「宝地図」**と言います。

最も楽しく、最も簡単に「未来の理想のあなた」と「今頑張っているあなた」をつなげてくれるものです。

僕は、「宝地図」をこう呼んでいます。

「成功法則・夢実現方法のメインディシュ」と。

実は古今東西のあらゆる成功法則・夢実現方法は、結局1つのことを言っているからです。

それは、**「夢が叶ったときの様子をありありとイメージして、すでに達成したかのように味わえば、夢は叶う」**ということです。

今存在する教材や書籍、研修は、さまざまな角度からこの1つのポイントを表現しているに過ぎません。

14歳のときからこの研究を始めた僕は、実にたくさんのプログラムを学んできました。そして、こう思うようになりました。

①すべての要素が入ったオールインワンの手法をつくろう。
②それでいて、世界中の誰もが楽しんで実践できるものにしよう。

40年の研究の末、完成したのがこの「宝地図」なのです。それではさっそくつくり方を見てみましょう。

宝地図作成の8ステップ

【ステップ1】

模造紙もしくはA1程度の大きい白紙か、コルクボードなどを用意し、一番上にあなたの名前かニックネームを入れて「〇〇の宝地図」と書きます。

文字は、できるだけカラフルに視覚に訴えるようにしてください。

【ステップ2】

紙の中央か目立つところに、あなたがニッコリと幸せそうに笑っている写真を飾ります。

あるいは、家族や友人など、喜びや楽しみを共有したい人たちが笑顔で写っている写真でもいいでしょう。

彼らの表情がしっかりとわかる程度の大きさがおすすめです。自分の写真だけでなく、喜びを共有してくれる人の写真などを入れておくほうが効果的です。

【ステップ3】

手に入れたいものや目標を具体的に示す写真やイラストなどを数点、雑誌やカタログなどから抜き出して、写真のまわりに配置します。

どのように配置するかは、あなたのフィーリングで自由に決めて問題ありません。

【ステップ4】

明確な目標を設定するため、写真やイラストでは補いきれない部分は文字で記入します。

たとえば、期限や条件などについてです。

そして実現を確信している言葉（アファメーション）を書き込みます。

「この宝地図が、そのとおりに、もしくはもっと楽しい（すばらしい、ありがたい）調和した状態で実現しました。ありがとうございます」など。

【ステップ5】

この目標が、あなたや他の人々のより高い利益に貢献するよう、アイデアを膨らませ、その理由を書き出します。

【ステップ6】

目標を達成することが、あなたの人生の目的や価値観に沿ったものかどうかについて考えてください。

【ステップ7】

具体的な一歩として行動リスト「今週（今月・今日）の実践」を記入しましょう。

ちなみに、ステップ4、ステップ5、ステップ7では、大きめの付箋を使うと、書き直しや貼り直しが自由にできて便利です。

【ステップ8】

以上のプロセスを経て宝地図が完成したら（もちろん完成前でも）、日常的に頻繁に目にするところに飾り、眺めます。

また、できたら宝地図自体をカメラで撮り、プリントして、手帳の中、定期入れ、トイレなど、目につくところに貼っておきます。

見れば見るだけ、それだけ効果が上がりやすくなります。

宝地図の8大効果

「え？　こんなにカンタンなことで夢が叶うの？」

宝地図づくり7つのポイント

宝地図には、必ず盛り込みたい7つの要素があります。
最初はいいなと思った写真を貼るだけでも OK。
だんだんに宝地図をグレードアップしていきましょう!

「つくるのは楽しそうだけど、それで効果が上がるの？」

と思われる人がいるかもしれません。

そこで宝地図で夢が叶う理由、効果が高い理由、多くの人から愛されている理由をまとめてみました。

大きく8つあります。

【効果1】

夢の実現、目標達成のイメージが明確になり、情熱が湧き、やる気が出てきて、長続きします。また感情も伴ったイメージにより潜在意識に強く継続的に働きかけるので、意識の90％以上を占める潜在意識を活用できます。言葉（目標を紙に書くこと）も強烈ですが、イメージのほうがさらに強力に働きかけます。

【効果2】

毎日、宝地図や理想のあなたの姿が目に入り、自然に（努力しているという感じがないのに）情報が集まり、チャンスが拡大するとともに、アイデアが湧き、行動するようになります。

【効果3】
常に夢や目標を意識するので、あらゆる行動・思考が目標に向かって合理的に進みやすくなり、行動に無駄がなくなってきます。

【効果4】
繰り返し夢・未来について考えるようになり、表層的な願望や人生のバランスを欠いたものではなく、心から実現したい夢（ワクワクする目標）に変化していきます。

【効果5】
あなたのセルフ・イメージが高まり、目標や理想的な状況を引き付けやすくなります（能力があっても、セルフ・イメージが低いとせっかくのチャンスのときも身を引いて、活かせなくなります）。

【効果6】
自然に幸福実感型、感謝実践型、成功追求型人間になり、ツキを呼び込むようになります。

【効果7】
努力している、頑張っているという苦痛が少なく習慣化できます（三日坊主を克服）。

【効果8】
魅力的な目標に挑戦し続ける中で多くのものが手に入ります。挑戦するうちに能力が磨かれ、経験が蓄積され、支援者や人脈にも恵まれます。

この8大効果があるので、うだつのあがらない30代前半の僕が大きく変わることができたのです。あなたにもあなたの望むようなすばらしい未来が待っています。

小さい夢なんてない、小さい想像力があるだけ

①誰もが敬遠する仕事がライフワークになった

ここで、ある1つのエピソードをお伝えします。

これは、僕の30年来の友人である星野延幸さんのストーリーです。

未来の理想の自分を描こうとするすべての方々に知っていただきたいお話です。

星野さんは、群馬にある清掃会社「アメニティ」の社長です。

この会社の特色は、「トイレ掃除」に特化していること。現在も世界中のトイレをピカピカにするという夢を掲げて大活躍しています。

しかし、最初は順調ではありませんでした。

星野さんがこの仕事を始めたのは、37歳のとき。それまでは転職を繰り返した人生でした。

トイレ掃除の仕事も共同経営していた友人の依頼であり、断りきれずに引き受けたもの。当時は、嫌で嫌で仕方がなかったそうです。

「トイレ掃除なんて男子一生の仕事じゃないだろう」

周囲の人の中にはそう言って反対する人もいました。

しかし、星野さんは誠実な方でした。仕事の手を抜かず、懸命にトイレを磨くうちにだんだん自分の心が磨かれていくような感じを抱かれたそうです。いつしかお客様からも感謝の言葉をかけられるようになりました。

とはいえ、トラブルは絶えませんでした。

仕事を始めた1年目は、掃除で使用する薬品の有毒ガスにより体調を悪くしました。さらに2年目にも、働きすぎで右手が腱鞘炎になりました。売上も思うように上がりません。

そんなとき、星野さんはこんなサービスを思いつきました。

「一便器・無料見本清掃」

これには、ビルやホテルから依頼が殺到しました。

ここでも星野さんは全力を尽くしました。

10年も20年も掃除が行き届いていなかった便器が、わずか1時間以内に新品同様にピカピカになる！

クライアントは、喜びや驚きの中で言います。

「他の便器もお願い」

こうして定期契約をもらえるようになり、売上も順調に上がっていきました。

こうした中で星野さんは、こんな大きな夢を持つようになりました。

「世界中のトイレをピカピカにする！」

2001年、彼は台湾へトイレの掃除指導に行く「トイレ清掃のプロフェッショナル」として選ばれました。

そこでは実に500人もの人が待っており、星野さんの講義に大絶賛を送りました。

さらには、中国・韓国・シンガポールでも講習会を行なうまでになりました。

大きな夢は、星野さんの中のすばらしい能力を引き出してくれています。

星野さんは、有毒ガスを吸って体調を悪くしていた頃、同じような思いをさせたくないという想いから安全な薬品を開発するまでになりました。

さらには、短期間でより楽にトイレを掃除するために、電動ドリルに汚れを磨くパッドをつけた機械を開発し、特許登録もされました。

彼のクリエイティビティは、現場に留まりません。

企業経営者を対象にしたセミナーの開催、小冊子やプロモーションビデオの作成、さらには『トイレの法則』という本の出版も果たしました。

そんなライフワークで生きている彼が、仕事以外でも幸せにならないわけがありません。

2001年にはすてきなご自宅を建てました。その後には、それまで縁に恵まれなかった、すてきなパートナーも現れ、めでたく結婚もしました。

このあたりの夢実現には「宝地図」も一役買ったようで、うれしく思います。

こんなめまぐるしい活躍の日々の中でも、星野さんには密かに心がけていることがあります（僕自身も最初はこっそり聞いたお話ですが、掲載許可をいただいたので書かせていただきます）。

彼は、なんと密かに地元の群馬県や福島県の公衆トイレの掃除をしているということです。

想像するだけでも大変な公衆トイレを、人知れず黙々と1人できれいに掃除する。

とてもつらいことに思えますね。

しかし、星野さんは、そのきれいになっていくトイレを見るのが楽しい、幸せと言うのです。それが伝染し、奥様も一緒にボランティアで公衆トイレ掃除をするようになったそうです。

そんな星野さんは、現在、企業のみならず、婦人会、倫理法人会、小学校のトイレ掃除の講演会や実習活動に呼ばれるなど活動を広げています。

さらには、放射能汚染被害を受けた福島県川内村に貢献したいということで、公衆トイレ掃除のボランティアを続けていたところ、村長さんや村の職員も参加してくれる活動にまで広がっています。

いかがでしたか？

星野さんの生き方は、僕らにこんなことを教えてくれます。

◎目の前の仕事を好きになることも、ライフワークを見つける方法である。

◎小さい夢なんてない、そこに豊かな想像力を働かせると、どんなことにも深い意味が見えてくる。

いずれも本当に大切なことです。

②今していることを大好きになる方法

A「大好きなことを発見する方法」
B「今していることを大好きになる方法」

あなたはどちらが知りたいですか？

多くの方はAに興味を持ちます。

しかし、**実際はBによって成功した人は、本当にたくさんいます。**星野さんもその1人です。

もちろん、成功の仕方は人それぞれです。

ここまで読まれたあなたなら、大切なことは、いずれの選択肢も選ぶこともできるということがおわかりになると思います。それだけを忘れないでください。

③小さい夢なんてない

「こんなものが夢って言えるのかな?」

「他の人の夢はあんなに壮大なのに、自分のはなんて小さいのだろう」

「未来の理想の自分」を明確にする過程で、必ず起きるのが**「夢の比較」**です。

でも、星野さんの夢を思い出してください。

「世界中のトイレをピカピカにする!」

そして、彼は、その夢に向けて人生を大きく飛躍させていきました。

星野さんが持っていたもの。

それは**「豊かな想像力」**でした。

自分の体験やみんなの不便・不満に思いを馳せ、それを創造につなげていく——。

これは、誰もが持っている力なのです。

マイクロソフト社を創立したビル・ゲイツ氏は、マイクロソフト社の唯一の財産を
「想像力」と言いました。

大切なことは、**「そうなったらいいよなぁ」という願望で終わらせないこと**です。

そこから「そのためにどうすればいいのか」と自分の脳に問いかけてあげてください。脳は、あなたの質問の答えが見つかるまで探してくれます。

人間は、不思議と「できるとわかっている」ものしか頭に思い浮かべないものです。

「原因があるから結果が生じる」と言います。

しかし、本当は逆です。

「明確な結果を決めると、原因はあとからつくり出される」

これを**「因果逆転の法則」**と呼んでいます。そして、その鍵を握るのが「豊かな想像力」なのです。

宝地図自体は夢を叶えてくれない⁉

さて、宝地図は、実はつくったあとが肝心です。

宝地図は「実践」していくものです。単に飾るものではありません。

①つくった宝地図を眺める。
②そこにいる未来の理想の自分と対話する。
③そして、そこに近づくために、今すべきことを決める。

夢を叶えるのは、あなた自身です。宝地図は、次の2つの役割をもって、そんなあなたをサポートしてくれます。

①宝地図は、夢へのナビゲーションシステム

「成功者の頭の中には、『宝地図』が動画でインストールされている」

親友であり、700万部を超えるベストセラー作家、本田健さんの言葉です。

夢が叶わない最大の原因は、「夢を忘れてしまうこと」です。

しかし、宝地図は見るたびに、いつでも理想の未来の自分に心を引き戻してくれます。

それを繰り返すと、いつしか心から「自分は夢を叶えていい存在だ」と思うことができます。

②宝地図は、あなたのメンター・コンサルタント・コーチ

名だたる経営者・成功者には2つの特徴があります。

◎仕事や人生の指針を示すメンターがいたこと。
◎無名の頃から対価を払い、メンターについていたこと。

そんな役割を宝地図は担ってくれます。

宝地図の中にいる未来の理想のあなたは、優しくも厳しく、今のあなたをチェックしてくれます。

◎理想の自分にふさわしい「言葉」を使っているか？
◎理想の自分にふさわしい「イメージ」を持っているか？
◎理想の自分にふさわしい「感情」があるか？
◎理想の自分にふさわしい「行動」をしているか？

宝地図は、あなたの最大の理解者であり、最高の伴走者なのです。
たった5分だけでもかまいません。ぜひ日々対話する習慣を身につけてください。

今のあなたと未来の理想のあなたが出会う瞬間

ここまでお読みいただきありがとうございます。

第3章で「【ステップ1】未来の理想の自分からのメッセージを聴く」、第4章で「【ステップ2】未来の理想の自分と対話する」をお伝えしてきました。

この2つのステップを通して、あなたは次のことができるようになっています。

①未来の理想のあなたを深く感じること。
②未来の理想のあなたを明確に描くこと。
③未来の理想のあなたから今の自分を見つめること。

今この瞬間、あなたと「未来の理想のあなた」の間には揺るぎない1本のつながりができています。

あとは、このつながりを頼りに、未来の理想のあなたを目指して歩んでいけばいいだけです。

次の章では、その旅の中で必ず助けとなる指針と秘訣をお渡ししましょう。

第5章
未来の理想の自分に会いに行く
――【ステップ3】

すぐやるべきことは2つだけ

①あなたは、2つのことだけすぐやればいい

ここまで学ばれたあなたは、すでに「先送り」することなく、「すぐやる」準備が整っています。

もはや目の前の問題は、「壁」ではなく、成長のための「ハードル」。中には、「ジャンピングボード（跳躍台）」にさえなっている人もいることでしょう。

そんなあなたの旅路を第一歩目から応援するのが、この章でご紹介する【ステップ3】です。

最初にこんなテーマを見ていきましょう。

この本のテーマは「やりたいことを先送りする」ことから「すぐやる」ことです。

では、「何を」すぐやればいいのでしょうか？

僕は、以下の2つの指針をおすすめします。

①「言葉」と「イメージ」と「行動」を「未来の理想のあなた」に合わせること。
②「お金」と「時間」と「人脈」を「未来の理想のあなた」に合わせること。

多くの人は、これらの資源を浪費し続けて人生を終えます。
なぜならば、自分が本当に望む方向性を知らないからです。
しかし、あなたにはその必要はありません。

②世界各地で共通する現実を変える法則

目の前の現実を変えてくれる要素には、次の3つがあります。

◎言葉
◎イメージ
◎行動

密教においては、「三密加持」という言葉があります。

三密とは、

◎**身密**
◎**口密**
◎**意密**

です。

つまり、人間の「身体」「言葉」「心・イメージ」によって行なわれる行為は、本質的には仏様に通じているという教えです。

また実践的な心理学である**NLP（神経言語プログラミング）**においては、次の3つを重視しています。

◎**V（Visual）視覚・イメージ**
◎**A（Auditory）聴覚・言葉**

◎K（Kinesthesisc）体感覚・行動

完全に一致しているわけではないですが、古今東西を問わず、共通している原理なのです。

能力開発の黄金の2ステップ

では、どのように活用していけばいいか？
具体的には、次の2つのステップで行ないます。

【ステップ1】
「言葉」「イメージ」「感情」の3つを使って、まずあなたの「行動」を変えます。

【ステップ2】
さらに、「行動」に「感情」を込めていきましょう。すると「成果」が格段に違ってきます。

このステップは、能力開発の極意でもあります。

よくこんなことが言われます。

「先輩の真似をしろ」

「先生の動きをトレースしろ」

「成功者をモデリングしろ」

とはいえ、僕はずっと思っていました。

「それができれば、苦労はしないよ」

そんな僕を変えてくれた2ステップです。

まずは、モデルとする人の「言葉使い」「表情」「態度」を真似るところから始めます。

すると「行動」が変わってきます。

そこにあなたなりの「気持ち」を込めるのです。

それにより、目に見えて得られる成果は変わってくるでしょう。

能力開発にも限界があるから、この力を使う

とはいえ、個人の能力開発には限界があります。

ここで必要なのは**「他力」**です。

僕たち日本人にはちょっと苦手な分野です。「他力本願」なんて言いますよね。

でも、こう考えてください。

「他力とは、あなたがまわりの人のすばらしい才能を引き出し、まわりがあなたのすばらしい才能を活用してくれる」ことであると。

この「他力」を活用するのが、次の3つの資源です。

◎お金
◎時間
◎人脈

この資源をどこに集中するかによって、あなたの人生の質や得られる成果がまったく異なります。

会社や組織であればわかりやすいかもしれません。

会社は、「お金」を「人材」や「仕組み」に集中させます。それにより、24時間という「時間」で最大限収益を上げられる体制を作っています。

では、僕ら人間はどうすればいいでしょうか？

ここで必要なのが**「自己投資」**の考え方です。

自己投資に勝る投資がない理由

①あなたの未来を今この場で知る方法

突然ですが、あなたの未来を今この場で知る方法があります。超能力ではありませんよ。

それは、**「今現在のあなたの『お金』『時間』『人脈』の使い方を見る」**ことです。

たとえば、一日中会社内で過ごし、給料も生活費と娯楽で消えてしまう人はどうでしょうか？

おそらく未来は現状維持が精一杯でしょう。なにしろ成長・発展する要素がないのですから。

逆に、この本を読んでいるあなたのように、あえて自分の未来のために「学び」に投資している方はどうでしょうか？

おそらく新しい未来が待っていることでしょう。

この世界は常に成長・発展しています。だからこそ、変化・成長する種だけが生き延びてきたのです。

川の流れは止められません。ただその流れにうまく乗ることはできます。

その方法が「自己投資」なのです。

②自己投資は、未来の理想の自分への貯金

「そんなこと言ったって、お金も時間もないし」

「この先、老後の貯金もしておきたい」

「勉強は学生時代で十分だよ」

そう思われる方もいるかもしれません。しかし、こう考えてみてください。

「自己投資は、未来の理想の自分への貯金である」

人は、あなたの生み出す価値に対価を支払います。その価値は、あなたのその時点までの自己投資で決まります。

まずは小さいところから始めていきましょう。

未来の理想の自分になるための自己投資の第一歩は、こんな感じです。

◎**お金**……未来の理想の自分が受け取る報酬の10％を、自己投資用の費用として確保してしまう。

◎**時間**……1日1440分の約1％である15分間を未来の理想の自分に近づくために確保してしまう。

さらに成長意欲のある人には、より高い成果が手に入る秘密の方法があります。

③「お金にならなくても大好きなこと」を生活の一部にしてみる

ライフワークの悩みは、結局は次の2つだけです。

「それで生活していけますか？」

「将来は大丈夫ですか？」

人間は、「お金」の損得が絡むときが、一番動けなくなります。

しかし、僕はあえて、**ある一定期間は「お金にならなくても大好きなこと」を生活の一部にする**ことをおすすめしています。

僕自身もそうでした。

ある能力開発会社の社長の著書に心酔し、それまでの自動車販売の仕事を辞め、転職を決意しました。

面接の終了後も興奮が収まらず、万年筆で自分の想いを手紙にし、翌朝直接届けたことを今でも憶えています。

この時代の僕の年収は額面120万円。これが3年間続きました。20代で独身だったとはいえ、大変でした。

しかし、自分の「時間」は、すべて能力開発にかかわることに使うことができました。さらには、そこに集まる人々とも深くつながることができました。

結果として、その会社では営業の芽は出なかったものの、「講師」という役割を任され、自分の才能に気づいたのです。

僕の次男は高校を出て、現在ミュージシャンを目指しています。彼にはこんなアドバイスをしています。

「22歳までは大学に行ったと思って、ともかく大好きな音楽の界隈で数年間は思いっきりやってみな」

プロのミュージシャンの道は厳しいものです。でも、その周辺に居続ける限り、音楽を愛しかかわり続ける人に必ず出会えます。そういう環境の中にいれば、たとえミュージシャンとして成功できなくても、必ず自分の役割や存在意義が見つかると信じているからです。

見つからなくても大好きなことをトコトン追求した先には、また大好きなことが見つかりやすくなるのです。

「まずは、お金にならないけれど、大好きなことを生活の一部にしてみる」

これにより得られる最大の報酬は**「目の輝き」**です。

人は、この「目の輝き」に惹かれます。「目が輝いている」人から順番に声をかけられます。魂がワクワクする方向と豊かさが待つ方向は同じなのです。
そして、時代もそこに近づきつつあります。

人工知能が永遠に真似できない人間の3つの力

①人間にあって、人工知能にないもの

「人間が行なう仕事の約半分は機械に奪われる」

英国オックスフォード大学のマイケル・A・オズボーン准教授の予測は、世界に衝撃を与えました。

さらには、アメリカのレイモンド・カーツワイル氏もこう言っています。

「2045年には、人工知能は万能になり、人間の英知を超越する『シンギュラリティ』(技術的特異点)が到来する」

でも、安心してほしいことがあります。

僕ら人間には、人工知能にはとうてい真似のできない力があります。

◎身体があるので、五感で今現在の世界を感じ取ることができる。
◎直観があるので、今までの人生経験から最適な答えを瞬時に導ける。
◎想像力があるので、今ここにはない未来を描き、進んでいくことができる。

だから、僕は何の心配もしていません。

むしろ、発達した人工知能と一緒にどんな未来を創っていけるか、ワクワクしています。

②「感情を動かす」仕事が主流になる

人類の仕事は、長い間「肉体を動かす」ことでした。
そして、20世紀の工業化社会では「機械を動かす」ことに変わりました。
でも、そのあたりは、人工知能のほうが得意です。
これからの時代は「感情を動かす」仕事が主流になります。
アーティストのみならず、どんな仕事にも、この要素が加わります。

タクシーの運転手さんは、残念なことに人工知能に代替されるリストに入っています。たしかに、正確な運転だけを求めるなら妥当な意見でしょう。しかし、たとえば、外国人相手に楽しく観光案内ができる運転手さんならどうでしょうか？

そうした運転手さんなら、職を失うどころか、大活躍できる時代になるのです。そうです。

これからは、「人間がもっと人間らしく生きていくこと」が歓迎される時代が来るのです。

そこで求められるものは何か？

間違いなく**「感情のエネルギー」**や**「想像力」**です。つまり、あなたがこの本で今まで学んできたことなのです。

すなわち「すぐやる」人の時代が迫ってきているのです。

ワクワクしてきましたか？

ここからは、そんなあなたがロケットスタートを切るための情報をたくさんお渡ししていきます。

すぐやる人生のための羅針盤

①人生のスタート地点は、エネルギーで決める

未来の理想の自分に向かう旅は、いつでもどこからでも始めることができます。
しかし、より良いスタートを切るコツもあります。
それは、次の3つのタイミングのいずれかで始めることです。

◎あなた自身の内側のエネルギーが高いとき。
◎エネルギーが高い場所にいるとき（神社、セミナー、コンサート会場など）。
◎エネルギーが高い仲間と一緒にいるとき。

僕が研修や講演会をやるときも、この3点を意識した場作りをしています。

来ていただいた方に自分の可能性を感じてもらう。そして、今までできなかった決断をしてもらい、最高のスタートを切ってもらう。

そんなことができるパワースポットになることを目指しています。

②何かを成し遂げる旅の3つのステージ

旅には道標が必要です。

あなたが旅立ってから、目的地に到着するまでに何が起きるかをお見せしたいと思います。

【ステージ1】

物事は最初、あまり進みません。時には驚くほど進まないこともあるかもしれません。

なぜならば、この地点が最も大きなエネルギーを必要とするからです。飛行機の離陸も、自転車の漕ぎ出しも一番エネルギーを必要とします。

ここで大切なことは、**あきらめない**ことです。

【ステージ2】

いったん物事が軌道に乗ると、最初の苦労が嘘であったかのように順調に進みます。

ここで大切なことは、**流れに乗る**ことです。

【ステージ3】

最終局面に入り、目的地が見え始めると、おもしろいことが起きます。

だんだんと得られる成果が大きくなっていくのです。時には思いがけない幸運や大発見すら起きます。

ここで大切なことは、**最後の踏ん張り（ラストヘビー）を効かせる**ことです。

ここまで、旅の全体図をお伝えしました。ここからは、より旅を楽しむための道具をお渡ししましょう。

それが「最短で未来の理想の自分に出会う7つの秘訣」です。

ここまで体系化するのは、初めての試みです。楽しみにしていてください。

最短で未来の理想の自分に出会う7つの秘訣

すぐやる人生は、とてもシンプルなものです。「未来の理想のあなた」に向かって進むだけです。

その旅の途中であなたがすべきことも、またシンプルです。

僕が人生から学んだ7つの秘訣を分かち合いたいと思います。

【秘訣1】たった1回でも挑戦できたら大喜びする
【秘訣2】たった1つの行動でも、大きなチャンスはつかめる
【秘訣3】たったひと手間で、一生の習慣をつくることができる
【秘訣4】迷ったら、たった1つの行為を選ぶ
【秘訣5】たった1つのことを伝えれば、あなたの価値は伝わる
【秘訣6】まずは、たった1人の仲間と出会う

【秘訣7】たった1つのものを増やすだけで、人を動かす熱量は増える

順番に見ていきましょう。

【秘訣1】たった1回でも挑戦できたら大喜びする

「人間はやりたいことに対して、人生の中で実際にどれくらい挑戦しているか？」『思考は現実化する』の著書で成功哲学の祖と呼ばれるナポレオン・ヒル博士が調べたテーマです。

結果は衝撃的でした。

なんと**「0・8回」**だったのです！

つまりは、ほとんどの人がやる前からあきらめていたのです。「無理だよねぇ」「どうせうまくいかないだろう」とか言いながら……。

でもちょっと考えてみてください。

多くの人が「0・8回」しか挑戦しないとしたら……、

もしあなたが「1回」でも挑戦すれば、平均を超えます。

もしあなたが「2回」挑戦したら、群を抜きます。

もしあなたが「3回」挑戦したら、見上げられる存在になれます。


そう考えるとちょっとワクワクしてきませんか？

僕はおかげさまで還暦を迎えましたが、ますます人生の挑戦は増えています。

そんなとき、僕は2つの言葉をお守り代わりにしています。

「もしうまくいったら、どんな楽しい未来が待っているだろうか」

「もし失敗したら、どんな笑えるネタになるだろうか」

ぜひ、あなたにも差し上げたいと思います。

【秘訣2】たった1つの行動でも、大きなチャンスはつかめる

①発行部数3億部の著者が教えるたった一語の成功法則

『こころのチキンスープ』という本をご存じですか？

全世界の発行部数は3億部の名著です。著者は、ジャック・キャンフィールド氏と

マーク・ヴィクター・ハンセン氏です。

彼らの作品に『アラジン・ファクター　願いをかなえる成功のランプ』という本があります。

その中に、こんな驚くべき記述があるのです。

「人生を即座に効率的なものに変え、あらゆる願いをかなえることができるたった1つの行動とは……」

さて、それは何でしょうか？

続く言葉はたったひと言、**「頼め」**。

2015年、講演会のために来日したジャック・キャンフィールド氏と食事を共にしたとき隣に座らせていただき、同じことを詳しく教えていただきました。

②名作は、創作秘話も名作

おもしろい話があります。

実は、『こころのチキンスープ』そのものが、「頼め」を実践してつくられた作品なのです。

出版に至るまで、145社に「頼みました」。すなわち、144社には断られたのです。

『こころのチキンスープ』には、40人近い方の忘れられない珠玉の物語が書いてあります。つまり、著者2人が他の方に「頼んで」ストーリーを書いてもらったのです。

さらに、ストーリーを選ぶときは、40人の人に「頼んで」読んでもらい、1～10点で評価してもらいました。そして、10点以下だったものについては、どうしたら10点になるかアドバイスをもらいました。

毎週、雑誌社、TV局、ラジオ局、著名人などに献本し、本の紹介の依頼を「頼み続けました」。

こんな地道な努力が、アメリカの国民的作品をつくりあげたのです。

③「頼む」とは、「夢を語ること」

とはいえ、「頼む」ことはとても難しいことです。一歩間違えれば、「ただ要求の多い人」として敬遠されてしまいます。

そこで、もしあなたが協力を求めるときに、まずしてほしいことがあります。

それは、**「あなたの夢を情熱的に語ること」**。

このときも少し工夫が必要です。

世間の多くの方は、夢を語りません。聞かれても、「特にありません」と口を濁します。

そこにはこんな理由があります。

◎いざ言おうとすると、言葉にするのは難しい。
◎夢は大きいことを言わないといけないと思っている。
◎個人的なものではいけないと思っている。

そこで、まずあなたは、「夢」という言葉のハードルを下げてあげましょう。

「今よりも明るい未来」ではなく、「今よりもマシな未来」。

こんな感じで言い換えてあげましょう。

そして次のステップを踏みましょう。

【ステップ1】

まずは相手の夢を聞いてあげてください。

「この先、どんなことをしていたいですか？」

【ステップ2】

「ところで、私の夢も聞いてもらっていいですか？」

世界的なSNSとして知られる「フェイスブック」の最高経営責任者であるマーク・ザッカーバーグ氏は、2017年6月22日、ある重大な発表をしました。

2004年以来貫いてきた社是を変更したのです。

（変更前）「世界をよりオープンで、よりつながった場所にする」

（変更後）「コミュニティーを築く力を与え、世界の絆を強める」

新しい社是には「コミュニティー（共同体）」という言葉があります。

実は、**「夢を語る」とは、この「コミュニティーを築く」大きな一歩**なのです。

夢が持てない時代に、あえて夢を語り、旗を掲げる。

そんな人のまわりに人々は集まってきます。そして、テクノロジーもそれを応援してくれます。

ぜひ、あなたも夢を語ってみてください。それも信頼する人に、大切な人に。そして、大切な人、愛する人の夢を聞いてあげてください。きっと、お互いに応援し合いたくなるでしょう。

こんなすばらしい夢の応援団が隣にいたことにきっと驚くことでしょう。

【秘訣3】たったひと手間で、一生の習慣をつくることができる

①小さい成果確認を繰り返せば、続く

人間の可能性は無限大です。

でも、どうやら意志の力は限度があるようです。

◎飽きやすい。
◎疲れやすい。
◎めんどくさがりやすい。

これまで学んできた「宝地図」は、そんな僕らが楽しく簡単に夢を実現できるツールです。

さらにもう1つ、工夫をご紹介しましょう。

こんな言葉があります。

「夢が行動を促し、成果が行動を持続する」

すなわち、小さな成果でも、それを確認し続けることが上達の秘訣なのです。

だから、すぐに「いいね！」などのリアクションが返ってくるフェイスブックは、多くの人が夢中になるのです。

②自分のご機嫌は、自分でとる

とはいえ、日常ではそうはいきません。

いつも褒めてくれる人がいるとは限りません。

では、どうすればいいでしょうか？

正解は**「自分のご機嫌を自分でとる」**ことです。

「そんなことできないよ」という声もあるでしょう。しかし、著名な方も実はこっそりやっています。

日本一のマーケッターと評されたこともある神田昌典さんのエピソードです。

本は、講演会やコンサルティングと異なり、書き上がるまでは、誰も評価してくれません。

そのために、神田さんは、執筆の際は区切りがいいところまで書き上げると、自分で自分の肩を叩きながら「よくやった〜」と褒めるということをお聞きしました。

また、経営の神様と称される松下幸之助さんは、こんな発言を残されています。

「ほんとうの自分の喜べる姿はいつであったかと考えてみますと、私が、十人なり二十人の人を使うようになりまして、自分もともに働き、そして、**きょうは自分ながら**

よく働いたな、というて自分で自分をほめる、自分で自分の頭をなでる、自分で自分をいたわるというようなそんな心境のときに、いちばんはりあいがあったという感じがするんでありますす。これは偽らんところでありますす。」

（『松下幸之助の流儀　一日本人としての生き方・考え方』松下幸之助著、ＰＨＰ研究所）

③「I LOVE MEリスト」をつくろう

僕がおすすめしているのは、「I LOVE ME リスト」をつくるということです。

このリストは、少しでも頑張ったら、リストの中から1つ選んで、自分にご褒美をあげるというものです。いわば、**自分を自分で喜ばせるためのメニュー表**です。

主に次の**3つの条件**を満たした簡単なものです。

◎基本は1000円以内の予算（もちろん、金額は自由に決めてかまいません）。
◎自分1人でできるもの。
◎24時間以内にできるもの。

僕の例をご覧ください。

「望月俊孝のＩ LOVE ME リスト」

◎ヴェローチェでコーヒーゼリーを食べる。
◎漫画を読んで空想タイム。
◎子供や妻とハグする。
◎猫ちゃんと一緒に遊ぶ・一緒に寝る。
◎夜寝ながらじっくりレイキをする。
◎宝地図を見ながら夢が叶ったシーンを未来の先取りして楽しむ。
◎座右の書、大好きな本を読む。
◎初めて◯◯したことを思い出しながら行動する（食べる、遊ぶ、味わう）。
◎「気持ちいい」「幸せだな」「楽しいな」「最高」などと10回大きく伸びをしながら叫ぶ。
◎食後にデザートをつける。

◎お笑いのＤＶＤを見る。

こんな感じです。あなたもぜひやってみてください。

【秘訣４】迷ったら、たった１つの行為を選ぶ

①空けるから、入ってくる

自然界には、こんな絶対的な法則があります。

「この宇宙は、真空状態を嫌う」

真空（空白）が生まれるとそこに何か必要なものを埋めようとする働きが起きます。

これを応用すると、夢が実現しやすくなります。引き寄せが起きやすくなります。

これを**「夢実現のバキューム（真空）法則」**と呼んでいます。

何か手に入れたいものがあるなら、意図的に次のようなことをします。

◎**「物理的な空間（真空）」を空ける。**

◎「意識的・心理的な空間」を空ける。

◎意図しない形で何かを失ったとしたら、それは新しいものが入ってくるための空間が空けられたものと考える。

つまり、夢実現には「空ける」行為が必要なのです。1つずつ見ていきましょう。

②「物理的な空間（真空）」を空ける

これは、単純に「捨てる」「片づける」「断つ」「整理整頓」することによって物理的な空間を空けるという行動です。

もし新しい服を買いたいのなら、その前にいっぱいになった洋服ダンスを整理する。

新しい家具を手に入れたいなら、その前にいらない家具や荷物を整理する。

手放せば、よりすてきなものが手に入る。

「え？　本当？」と思われたかもしれないですが……。

もし洋服を5着しか持てないとしましょう。それだけしか洋服ダンスのスペース（空間）がないとします。

あなたは吟味して、今、一番惹かれる（すてきな）ものを買い、一番魅力を感じないものを手放すことになりますよね。

それを持っていて、ワクワクしますか？

あまりワクワクしないとしたら、もっとワクワクするものが入ってくるためにスペースを空けましょう。

「もったいないから取っておこう」と考えたり、「いずれ使うかもしれない」と思いながら**1年使っていないレベルのものは、いったん手放す**ことを僕はしています。

あなたの基準で手放すことをしてみましょう。さらにすばらしいものが自然に引き寄せやすくなってくるはずです。

もし「捨てる」ことに抵抗があるならば、大切な人に「シェア」するのもいいでしょう。

③「意識的・心理的な空間」を空ける

僕らがお伝えしているレイキは、大正時代の日本で、臼井甕男《みかお》先生が肇《はじ》められたものです。

先生は実に聡明で、先進的な方でした。

先生は門下生に対し、等級を入門者から順に6等から1等まで用意されました。そして、1等を空位にし、臼井先生自身を2等とされたのです。

「後に自分より優れた人が現れる」ことを願って。

僕はこの事実に深い感銘を受けました。

そこで、「カリスマ」になることを目指すのではなく、「望月」という冠がなくても、講座やコンテンツが広まることを目指してきました。

「望月さんから受けたい」

「望月さんが教えるなら間違いない」

そう言っていただけるのは、正直言ってうれしいものです。

でも、それに甘んじているといつしか「裸の王様」になってしまいます。そこではコンテンツも頭打ちになって広まっていきません。

僕は、そうした想いからほとんどの講座に最初から講師養成コースを設け、育成してきました。

その結果、レイキについても、宝地図についても、エネルギー・マスターについても、次世代を担うすばらしい人材が育ってきています。

④意図しない形で何かを失ったとしたら、それは新しいものが入ってくるための空間が空けられたものと考える

これは、僕が独立したときに深く感じた法則です。

すでにお話ししたとおり、僕は、勤めていた会社をクビになった経験があります。直接の原因は、2カ月の育児休暇を取ったから。

もちろん許可を得て、自分の役職の後任を用意したうえでの休職でした。とはいえ、引き継いだ部下も不安だったのでしょう。最初の頃は日に4~5回、相談の電話がかかってきました。しかし、その電話もやがて減っていきます。休暇も2カ月目に入ると、週に1~2回ほど報告の電話がくるだけでした。

僕は部下の成長を頼もしく思いました。

そして、休暇明け。

会社に復帰しようとした僕に、マネージャーの席はもうありませんでした。

僕が2カ月間だけ代理で頼んだ部下がそのまま新しいマネージャーに就任すること

になったのです。

「望月が2カ月いなくても、業務は回ったんだ。別に望月じゃなくてもいいだろう」

おそらく上司はそう思ったのでしょう。実質的な解雇通知でした。

当時の僕は、その前の独立のときのビジネスの失敗、そして不動産投資の失敗もあり、6000万円の借金を抱えていました。しかも、子供は生まれたばかり。その育児のため、それまで家計を支えてくれていた妻もピアノ講師の仕事ができません。

正直、僕は上司を恨みました。まわりからも同情を買いました。

「立ち上げたばかりの会社を順調に発展させ、システムもつくり、優秀な人材も僕が引っ張ってきたのに……」

しかし、今ならわかります。

あのとき、上司がリストラしてくれたからこそ、僕は独立に踏み切れたのです（実はその2年前に最初の独立に失敗し、苦しい思いをしているので、1人では独立する勇気がまったく持てなかったのです）。

当時、勤めていた研修会社では、毎月海外から一流講師を招聘して最先端の能力開発を教えていました。

僕は、彼らを裏方として支えるのが仕事でした。もちろんやりがいはありました。

しかし、心の中ではいつもこう思っていました。

「なんで僕があそこに立っていないんだろう」

本当は、僕は講師をしたくて仕方がなかった。深い情熱と愛をもって、受講生の人生を変えるお手伝いをしたかった。その人の天命を見つけるお手伝いをしたかった。

しかし、その頃の僕は6000万円の借金を抱えた妻子持ちの男でした。生活のために、会社の求める役割を全うしなければなりません。

そして、自分の本心はその葛藤や矛盾を知っていました。

◎本当はただやりたいことを貫く勇気がないだけだということ。
◎そのために、今の仕事を言い訳に使っていること。

不条理に役職を奪われ退社を余儀なくされたことで、この言い訳は使えなくなりました。

もはや、持てるすべてのエネルギーを自分のやりたいことに注ぐしかありません。

僕は、自分の肩書を堂々と「講師」としました。何の迷いも遠慮もありませんでした。

その決意から約1年後、6000万円の借金を返済することができたのです。

文豪シェイクスピアは、こんな言葉を残しています。

「この世は舞台、人はみな役者だ」

その意味では、上司は最高の悪役を演じてくれました。**僕の人生の次の幕を強引に開けてくれた**のです。

おかげで、僕は夢を叶え、こうしてあなたとも出会えています。僕は、今ではその上司に心から感謝しています。

⑤空けるコツは、自ら離れること

人生のレッスンは形を変えて、何度も訪れます。僕の人生のレッスンは、「委ねること」かもしれません。

それから10年ほど月日が流れました。僕の下に大きなチャンスが到来しました。ある著名な編集者から出版のオファーが来たのです。

僕の心は躍りました。それまでの僕は、「精神世界」の分野での執筆活動が主でした。しかし、今回は「ビジネス・自己啓発」分野に挑戦できるとのことでした。

しかし、喜んでばかりもいられませんでした。

「3月までに書き上げていただけますか？　もし難しい場合は、今回の出版は見合わせるということで……」

なんと、2カ月で1冊の本を仕上げる必要があるのです。しかも、連載をまとめて本にするわけでありません。まったくゼロからの執筆です。

僕は、悩みました。その当時も、日々多忙でした。連日、セミナーを行なうだけでなく、出張も今よりたくさんありました。プロモーションもマーケティングもほぼ自分1人でやっていました。そのうえ、少ないスタッフでしたので、僕も電話や受付の対応もしていました。もちろん、メールの返信なども……。

しかし、今度ばかりは大チャンスです。僕のヴィジョンとしても、会社のヴィジョンとしても、これを逃すのは実にもったいない。僕は、覚悟を決めてスタッフに宣言するとともにお願いしました。

ヴィジョンを語ったうえで、

「これから1カ月半は、執筆に集中します。講演以外の仕事は一切しません。会社にもほとんど来ません。自宅への連絡も、どうしても判断できないものだけにしてください。お願いします」

しかし、その後おもしろいことが起きたのです。スタッフは一丸となり、想像を超えるチームワークを見せたのです。中には、今までにない才能を開花させたメンバーもいました。

「せめて僕の仕事の半分でもできればいい」という予想はうれしい形で裏切られました。

そのとき、僕は気づきました。

実は、僕自身の存在がスタッフの成長を妨げていたのです。

「まだ無理だろう」「俺がいないとダメだろう」と思いながら……。

「目の前の人の可能性と未来を本人以上に信じる」

かつて、メンターから受け取ったはずの、この言葉が実践できていなかったのです。

僕は、ここから**「自分から場所を空ける」**ことを学びました。

現在の僕らの会社は、20代、30代の若いリーダーを中心に日々業務を決定しています。その中の僕の役割は、本当に困ったときにアドバイスすること、そして勇気づけ、盛り上げる応援団長です。

余ったエネルギーは、よりお客様に貢献できるよう講座や研究に注ぎ込んでいます。

⑥「やってみたいけど、怖いこと」が次の扉を開ける

僕のここに至る気づきは、すべて「やってみたいけど怖いこと」に直面したときに起きました。

あなたも旅の途中、必ず出会うでしょう。

そのときこそ、夢実現のバキューム（真空）法則を思い出してください。

「今の自分のポジションを感謝して、手放すこと」
「今の自分のポジションを感謝して、譲ること」

その先に想像もしなかった豊かさやチャンスが待っています。

【秘訣5】たった1つのことを伝えれば、あなたの価値は伝わる

①情報発信した人が成功できる理由

あなたの目の前の現実は、次の掛け算で変わります。

「発信力」×「受信力」

「発信力」とは、あなたの持っている情報、知識、コンテンツを世の中に向けて広く伝えていく力のことです。

「受信力」とは、この世界にあるさまざまな情報、知識、コンテンツを吸収し、自分のものにして、活かす力です。

ここまで読まれた方は、特に**「発信力」をトレーニング**していきましょう。

成功者はみんな情報発信をしています。

なぜならば、**情報発信は成功へのお膳立てをしてくれる**からです。

「時間」「エネルギー」「お金」「人脈」……。

あなたの発信した情報の価値に応じて、これらの資源が引き寄せられてきます。

すると、行動しない言い訳がなくなります。つまり、行動せざるをえなくなり、成功できてしまうのです。

行動すること、「すぐやる」ことが楽しくなってきます。

「やりたいことを先送りする」なんてことが考えられなくなってくるのです。

②人は「WHY（なぜ）」で動く

では、何を発信していけばいいでしょうか？

人は、あなたの何に価値を感じてくれるのでしょうか？

情報発信は「書く」か「話す」が主です。いずれの場合も、僕が大切にしていることがあります。

それが、「WHY（なぜ・理由）」です。

◎なぜ、あなたがそれを伝えたいのか（想い・情熱）。

◎なぜ、あなたがそれを伝えられるのか（資格）。
◎なぜ、相手に今受け取ってほしいのか（価値）。

ぜひ、あなたもこの3つを踏まえたうえで、情報を発信してみてください。すると目の前の現実が変わっていく様を体験できるでしょう。

この本もこの3つのポイントを軸にして、あなたへのラブレターだと思って書いています。

③情熱がマーケットをつくる

昔は、市場といえば、自分の周囲の2～3キロを指していました。相手にするお客様は「ご近所さん」だけ。だから、商売を始める「立地」が最重視されていました。

しかし、今は違います。

オンラインによって、店舗の概念が変わり、世界中の人をお客様として引き寄せることができるようになりました。

その中で、お客様に問われることはただ1つ。

「なぜ、あなたから買う必要があるのか？」ということです。

なぜならば、お客様が求めているのは新しい機能の商品だけではないからです。もはや「簡単」「便利」「効率的」では動きません。

お客様が一番求めているものは「つながり」です。

◎あなたともっと一緒にいたい。
◎あなたと一緒に夢を見たい。
◎あなたと一緒に世界をおもしろくしたい。

そこで**あなたに求められるのは、夢を語り、自分のストーリーへの参加を促すこと**です。

たとえば、こんなキャンペーンがありました。

ナチュラルミネラルウォーター「ボルヴィック（Volvic）」は、2016年8月31日まで、「1L for 10L（ワンリッター フォー テンリッター）」プログラムというキャンペーンを行なっていました。

ボルヴィックを1L買うごとに、清潔で安全な水10Lが供給できるよう一部をユニセフへ寄付をするという内容でした。

このキャンペーンの対象は、マリ共和国に向けられたものでした。

マリ共和国では、清潔で安全な水を利用できる人が54%しかいません。その結果として、5歳未満児死亡率が、出生1000人あたり123人に達しています。これは、世界でワースト7位です。

しかし、このプログラムのおかげで、深井戸の建設と修理が進みました。そして、2015年、マリの人々を長年苦しめてきた寄生虫病「メジナ虫病」について国が根絶宣言に向けた国家委員会を発足することができました。

痛ましい問題の提起から、参加の呼びかけ、そして解決後の光景まで全編がストーリーになっています。

あなたもぜひ相手の心を動かすストーリーを描いてみてください。

「宝地図」はその最高のヒントになります。あなたの夢の中にヒントがあります。

そして、第3章で触れた「あなたの人生のベスト10」「ワースト10」のワークの中から見つけることができますよ。

【秘訣6】まずは、たった1人の仲間と出会う

①夢実現とは「我がこと」になること

今、僕は考えていることがあります。

あらゆる成功者には、深いつながりのある親友・盟友がいます。共に夢を語ることができ、そのために共に学び、切磋琢磨できる仲間です。

このような深いつながりのある仲間と一緒にいると何が起こるか?

喜びも悲しみもお互いに起きたことは、それぞれ「我がこと」のように感じられるようになるのです。それは、赤ちゃんを育てる母親にも似ています。

実は、夢実現も同じなのです。

夢実現とは、想像していた未来が「我がこと」になることなのです。

想像していた理想の未来の自分と今の自分の区別がつかなくなるまでやり抜いたときに、夢は叶うのです。

そして、成功者は、仲間との深いつながりを通して、こうした夢実現の感覚を予行

練習していたのです。

では、そんな仲間はどうしたら見つかるのでしょうか？

ここで、2つの言葉をご紹介しましょう。

「雨の日の友」と**「晴れの日の友」**。

人生が好調な「晴れの日」には、友達は向こうからどんどん近づいてきます。

しかし一転、人生の風向きが変わり、苦しい「雨の日」となったらどうなるでしょうか？

あれだけ集まっていた友達は、途端に蜘蛛の子を散らすように消え去ることがあります。

しかし、そんな**「雨の日」の中でこそ、本当の友は見つかる**のです。

僕の体験を分かち合いましょう。

②「雨の日」こそ、本当の友が見つかる

僕にとっては、本田健さんが「雨の日の友」「どしゃ降りの雨の中、傘を差し出してくれた友」でした。

自分の肩が濡れるのも惜しまずに――。

本田健さんと出会ったのは、ちょうど25年前、リストラに遭う少し前のことでした。まさに、これから独立して1人で事業をしていこうとするときでした。

そんな折、僕はとても大きな問題を抱えていました。なんと営業ができず、「買ってください」のひと言が言えなかったのです。

自分の講座の説明は懇切丁寧にして、相手のメリットも人並み以上にお伝えしていました。しかし、どうしても最後にお金をいただく話ができなかったのです。

「成功法則や幸せになる方法をお金に換えてはいけない」

僕の中にはそんな罪悪感が強くありました。

本田健さんは、そんな僕の胸の内を聞いてくれました。そして、自身のビジネスの経験から、こんなアドバイスをしてくれたのです。

◎プレゼント用の小冊子をつくり、無料で配布すること。
◎そして最後のページに「ご興味のある方は、いつ、どこでこうしたテーマのセミナーを開催しますので、よろしかったらご参加ください」と日程と料金をお知ら

せしておく。

「そうすると、向こうから、参加したいという人が現れたり、会いたいという人が現れる確率が格段に増えるよ」

当時（25年前）は、小冊子といえば、保険・金融機関の大会社だけが発行しているような時代でした。

そのため、この試みは驚くほどの反響をいただき、僕のセミナーも口コミで広がり出したのです。そして、雑誌などにも取り上げられるようになっていきました。

さて、今度は僕が恩返しをする番です。

その後、こんなことがありました。

その日は、いつも自信たっぷりの彼が少しはにかんでいるように見えました。手には、大量の原稿を持っていました。

「今までいろんな人から教えてもらったことを文章にしたのだけれど……」

僕は、それを読み、強く心を打たれました。そして、いつになく強く彼に訴えかけました。

「すばらしい！　ぜひ多くの人に読んでもらうべきだ！」

「僕がどん底の中、救われたように、この本を通じて、多くの人が救われていくのが目に浮かぶよ」

彼は、そのまま原稿を書き進めました。

やがてその原稿は、100万部を超える『ユダヤ人大富豪の教え』となりました。

このような出会いはあなたの人生にもきっと用意されています。

ただ、目の前の人を大切にし、雨の日も、晴れの日もお互いに応援し合うことを続けていけば……。ぜひその日を楽しみにしていきましょう。

【秘訣7】たった1つのものを増やすだけで、人を動かす熱量は増える

「移動距離を増やすと、人を動かす熱量は増える」

僕の学びの人生の中で見つけた体験知です。

思えば、いろいろな場所に学びに行きました。

「アメリカ」「カナダ」「シンガポール」「オーストラリア」「イギリス」「フランス」「中国」……。

もちろん費用はかかりました。

たとえば、ハワイの認定カウンセラー養成講座は、渡航費や通訳料も入れて、夫婦で800万円自己投資しました。

しかし、心の声に従い、決断した後で「お金」や「時間」を創り出しました。

「飛行機代もかかるし……」「そんなに家は空けられないし……」「近場での開催予定はないのですか?」など、いろいろな事情はあると思います。

しかし一方で、トランクを引きながら、遠方から学びにくる方もたくさんいます。

そして、おもしろいことがあります。

遠方から来た方の多くは、その後、地元の仲間やコミュニティーのリーダーとして活躍するチャンスが不思議とめぐってくるのです(僕も講演会などの形で、全力でお手伝いしています)。

自分の心が動き、それに合わせて、身体を動かし移動する――。

その分だけ、あなたは周囲の人を動かすことができるのです。

人生を変えた「無敵」の交渉術

①目の前の人の後ろに、無限のご縁が広がっている

「今の自分と未来の理想の自分がつながっていると、いつも確信できること」

これが「すぐやる技術」の核心です。

この技術を学ぶことを通して、あなたは、「今ここにない未来を描く」力が自然と身につきます。

この力がつくと、人との接し方が変わってきます。

すなわち、「目の前の人の未来と可能性を本人以上に信じること」ができるようになるのです。

そうです。かつて、クリストファーさんがどん底の僕に語りかけてくれたときの姿勢そのものです。

人を動かすのは「言葉」でなく、「向き合う姿勢」です。

さらに、あなたはもう1つのことができるようになります。

それは、**「目の前の人から広がっていくつながりや縁をしっかり想像できること」**です。

僕がこの姿勢を学んだのは、やはり恩人からでした。

カウンセラーであり、米沢興譲教会の牧師でもある田中信生先生です。田中先生をお招きして200人の講演会の直前に打ち合わせをしていたときの話です。

田中先生は、本当に情熱的に語られました。喫茶店の片隅にいたにもかかわらず、喫茶店全体に響き渡るほどでした。まるで200人の前で講演をしているかのような感じでした。

僕はお礼を言いました。

「まるで200人の前で、講演をしているように、僕1人のために、情熱を込め、話していただきありがとうございます」

すると、田中先生はこうおっしゃいました。

「望月さん、望月さん1人のためにお話ししていたのではありませんよ。望月さんは今後、何万人もの方に影響を与える人だと思います。僕は、望月さんを通して、その人たちに話しているつもりなんです。

僕は武道館で講演するのが夢の1つです。望月さんが感動して今回200人もの人を集めてくださった。そして、これから望月さんが集めてくださった200人の前でお話しします。その方々も、望月さんのように感動してくださったら、その方々がそれぞれ今度は200人の方々を集めてくださることもあるでしょう。そうしたら、それだけでもう武道館に人があふれるようになるではないですか！　僕は今、望月さんの前で、武道館の予行練習をしていたんですよ。ありがとう！」

②無敵とは、すべてを味方にできること

その日から僕の人と向き合う姿勢は変わりました。

◎目の前の人の本来持っている良い部分に語りかけること。
◎目の前の人からこの先広がっていくつながりや縁に向けて語りかけること。
◎目の前の人がいずれ一緒に夢を実現していく仲間になると思い語りかけること。

その結果、苦手な相手であっても、「何かを一緒に創り出す仲間」と思えるようになりました。

最も役立ったのが、独立後の営業の場面でした。

僕は独立してもなお営業は苦手でした。しかし、向き合う姿勢だけは変えようとしました。

「目の前の担当者の方は、自分のサポーターになる人かもしれない」

「目の前の担当者の方は、自分を応援してくれる人になるかもしれない」

「目の前の人と、今ここから一生の付き合いが始まるかもしれない」

そう思うと、不器用な僕でも、さまざまな提案がすぐに浮かんできました。たとえ、相手が難色を示されても、落ち込むことはありません。

ただひと言、すぐにこうお伝えするだけです。

「どういう条件が整ったら、可能性が開けますか？」

「どうなったら、提案を受け入れられますか？」

すると、交渉も新しい展開を迎えました。結果として、初年度から全国主要5カ所でセミナーを開けるようになりました。

「敵」を打ち負かす策を考えようと思うと、人は途端に動けなくなります。

しかし、相手を「仲間」と思い、相手の喜ぶことやお互いがつくる未来に必要なものを考えると、動きたくてたまらなくなります。

無敵な人は、すべての人に勝つ人ではありません。すべての人を味方にできる人なのです。

これが僕の人生を変えた「無敵」の交渉術です。

今生きている時代や世界の未来と可能性を、今まで以上に信じる

①時代の可能性を信じる

ここまで、次の2つをお伝えしてきました。

◎今の自分と未来の理想の自分をつなげること。
◎目の前の人の可能性を本人以上に信じること。

実は、その先にはこんなことができるようになります。

「今生きている時代や世界の未来と可能性を今まで以上に信じること」

僕自身の体験を分かち合いたいと思います。

②バリ島で知った東日本大震災

2011年3月11日。東日本を激震が襲った瞬間、僕はバリ島で研修に参加していました。

衝撃でした。

これから日本はどうなるのだろう？　一刻も早く日本に帰らなければ……。

しかしチケットが取れず、帰るに帰れません。帰ったところで、できることには限りがあります。

僕は、考えました。ひたすら考えました。

そこで思い出したのは、かつての阪神淡路大震災のときの話でした。

震災の直後は、復旧や避難に一生懸命で考える間もないそうです。ところが、その後、時間が経過すると、改めて失ったものの大きさや悲しみに直面することになります。そして、無気力に陥ったり、最悪の場合、命を絶つ方もいたそうです。

なんとかそれは避けてほしい。でも、そのために何ができるかわからない。

僕は焦燥感の中にいました。

③「想像力」と「創造力」は誰にも奪えない

そこで思い出されたのが、僕の人生の守備範囲です。

マザー・テレサはこんな言葉を残しています。

「愛はまず手近なところから始まります」

だからいたずらに焦っても仕方がない。いたずらに絶望していても仕方がない。

僕は、再び考えました。

僕は今まで何をしてきたのか？

何に命を使ってきたと言えるか？

答えは、決まっています。

「講師」です。「目の前の方の可能性と未来を本人以上に信じる講師」です。

日本に帰った僕が、最も貢献できること。それは、「日本人に、未来に希望を持ってもらうこと」です。**たとえどれだけ目の前の世界が壊れようと人間である限り奪えない力**があります。

それは**「想像力」**と**「創造力」**です。

僕にはこんな未来が見えました。

これから日本は一丸となって震災から復興する。

その姿は伝説となり、後世の人の希望となる。

「2011年からの復興の時代はすごかった。民衆の中からもすごい人たちがいっぱい出てきたんだ」

100年後、200年後の日本人がそう言って目を輝かせている。

僕らが今でも明治維新の志士や終戦後の復興の話に心を打たれるように。

そのためにも、まず僕自身から日本の「復興」を始めようと誓いました。

④想像力を発揮した分だけ、創造力は湧いてくる

とはいえ、帰国後の僕を待っていたのは、厳しい現実でした。

当時の僕らのセミナールームは、東京・吉祥寺の地下1階にありました。そのため、

計画停電が始まると、自然光が入らないためセミナー自体ができないのです。

さらに全国的にはイベントは自粛モードでした。売上は、通常の20％を切る月が続きました。もはや会社の存続すら危うい。

その中で、僕は、あえて新しい講座を創ることにしました。端から見れば、非常識なことだったでしょう。

でも、**人間は想像力を発揮した分だけ、創造力が湧いてくる**のです。

僕はこんな講座をイメージしていました。

感情の解放を通して、自分自身の本来のエネルギーを取り戻し、今までまったく気づかなかった可能性を知る講座です。

この講座を通して、できるだけ多くの方が本来の自分を取り戻してほしい。そして、それぞれの復興の物語を始めてほしい。

そのために、僕が20年以上かけて世界中のセラピー・ヒーリングの研究・実践から導いた究極のメソッドをお伝えすることを決めました。

震災後の恐怖や不安は、人間の持つ暗部を深く引き出します。だからこそ、僕はより早く、より多くの人たちにこのメソッドを伝えたいと思っていました。

僕は「すぐやる」人になりました。
4月の最初に、5月のゴールデンウィークに開講することを宣言したのです。
もはや、やるしかありません。僕はそれまでの研究をまとめあげました。
そのとき、次の2つのことを考えていました。

①まずはその会場の中で、受講生の方自身に深い癒しと感動が起きるセラピーであること。
②さらに、日常に帰られた後は、今度は自分がセラピストとして周囲の大切な方に深い癒しと感動を与えられる人になること。

そして、講座の名前を「エネルギー・マスター・プログラム」としました。

結果として、講座は感動の中で終了し、現在は、50期を超えて開催される講座になりました。

すべては、天命に導かれている

すべての物語は日常から始まります。そして、非日常に旅立ち、日常に戻り、終わります。

つまり、「元いた場所」に戻るのです。

この本も今のあなたに新しい力を身につけてもらうため、ずいぶん遠くまで旅をしてきました。

感情という船に乗り、過去の世界にも行きました。宝地図という鏡を通して、未来のあなたにも会いに行きました。

僕のストーリーを通して、これからあなたを待つ世界を体験してもらいました。

そして、また本を閉じ、日常の「元いた場所」に戻ろうとしています。

それにしても、なぜこんな遠回りをするのでしょうか？

それは、**「元いた場所」の価値を知る**ためです。

ずっと温室にいる人は、温室の「温かさ」を知りようがありません。

しかし、一度でも寒いところに出れば、いやでも「温かさ」はわかります。

あなたの「元いた場所」とは、あなた自身の人生です。その人生のすばらしさを再認識できるのです。

◎現在の問題は、「成長のための資源」だとわかります。
◎過去の苦しみは、「かけがえのない宝物」だとわかります。
◎未来への不安は、「魂が踊るワクワク感」だとわかります。

つまり、あなたの人生すべてを全肯定できるのです。

「すぐやる」人は、自分の人生のすべてを全肯定している人です。だからこそ、周囲の人に、周囲の世界に目を向けることができるのです。

そして、次の言葉を深く実感するときがやがて訪れます。

「すべては、天命に導かれている」

そんな人生がこれからのあなたを待っています。

あなたの船出を祝福します。ありがとうございました。

おわりに――世界は「すぐやる」人を待っている

旧約聖書には、こんな一節があります。

そして、神は仰せられた。

「さあ人を造ろう。我々のかたちとして、我々に似せて」（創世記1章26節）

僕はこの一節を、人間の「想像力」と「創造力」のことを示していると解釈しています。

「今ここにない理想の未来を想像する力」

「今ここにない理想の未来を現実に創り出す力」

聖書や神話では、神様は奇跡を起こし、無から有を生み出します。

そして、**実は僕らもそんな力を持っているのではないか？**

僕らは無限の可能性を持っているのではないか？

僕は、講師・作家というライフワークを通して、いつも考えていることです。

「想像力」と**「創造力」**。

自分の中にこの2つの力があることを知り、活用できる人こそが、「すぐやる」人です。


「enthusiasm」という言葉があります。

意味は、**「熱中」**や**「熱狂」**です。

この語源は、ギリシア語で「心の中に神がいる状態」を指します。

僕は、「すぐやる」人の本質はここにあると思います。

「情熱」や「好奇心」では収まらない熱量で、世界に立ち向っていきます。

僕の尊敬する吉田松陰は、そんな衝動を、獄中で歌として詠み上げました。

「かくすれば　かくなるものと知りながら　やむにやまれぬ　大和魂」

「すぐやる」人の人生は、決して安楽なものではありません。平坦なものではありません。もしかしたら、誤解を受けるかもしれません。

しかし、「すぐやる」人が怯《ひる》むことはありません。

なぜならば、未来の理想の自分がいつも見えているからです。そして、次第に仲間の輪が広がっていきます。

人は、「新しいもの」「スピードのあるもの」が大好きです。そしてなにより、自分の可能性に挑戦する人が大好きです。

なぜならば、忘れていた自分の中の可能性を思い出させてくれるからです。

「すぐやる」人は、そうしたまわりの人の希望となります。そして、「すぐやる」仲間を増やしていきます。

そうして、社会が、国が、世界が変わっていきます。

この本を通して学ばれたあなたには、すでにこうした力が備わっています。

世界は、あなたを待っています。

ぜひ、一緒に歩んでいきましょう。

なお、さらに学びを深めたい方には僕からプレゼントを用意しています。

本書をお読みになった方々に、読者限定・特別プレゼントを用意しています。詳細は、以下のURLをご覧ください（http://www.takaramap.com/32）。

こちらのページでは、本書に収めきれなかった「望月動画セミナー」や「幸せに夢を叶える宝地図」（小冊子）などを無料でプレゼントしていますので、ぜひ本書とともにご活用ください。

また、本書の巻末ページに、ここまで読んでくださったあなただけにお送りする無料プレゼントがもらえるURLもご用意しています。併せてチェックしてみてください。

最後に本書ができあがるまでには本当に多くの方々にご支援、ご協力いただきました。本当にありがとうございます。

何度も挫けそうになっているところを支えていただいたフォレスト出版のみなさん、

また僕の考えを整理し、体系化するためにご尽力いただいたヴォルテックスの僕のブレーン・岡孝史さん、みなさんのご支援がなければこの作品はできあがることはありませんでした。

本書は今までご縁をいただいた多くの先生、かかわらせていただいた受講生のみなさんや関係者のみなさんから教えていただいたことがベースとなっています。

さらにヴォルテックスで「無限の可能性を開き、すばらしい人生を歩む」お手伝いをさせていただいている廣野慎一さん、神戸正博さんという講師と、井田如信さんをはじめ僕を支え続けてくださっているヴォルテックスのスタッフに心より感謝申し上げます。

スタッフ、一人ひとりの尽力により、日々使命を果たすことができ、多くの人たちとかかわることができています。ありがとうございます。

２０１８年３月

望月俊孝

【著者プロフィール】
望月俊孝（もちづき・としたか）
1957年山梨県生まれ。上智大学法学部卒。中学時代より、古今東西の成功法則、イメージ・トレーニング、健康法などに興味を持ち、独自に研究を始める。能力開発セミナー会社などを経て、独立するも失敗し、多額の借金をかかえる。再就職した会社も1年で突然リストラされる。そこから宝地図、レイキなどによって短期間のうちにV字回復を果たし、次々と夢を叶えていく。現在、夢実現（宝地図）、ヒーリング（レイキ・癒し）、セルフイメージ向上（エネルギー・マスター）を主体とする人材教育に関わっている。25年間で62万人に直接指導。著書に、『癒しの力』『幸せな宝地図であなたの夢がかなう』『9割夢がかなう「宝地図の秘密」』『幸せブーメランの法則』『お金と幸せの宝地図（DVD付）』『夢をかなえる習慣力』『超カンタン癒しの手』ほか著書累計75万部発行。7カ国語で翻訳出版。

◎宝地図公式サイト　https://www.takaramap.com/
◎ヴォルテックス・レイキヒーリングシステム
https://www.reiki.ne.jp/

「やりたいこと」を先送りしてしまう
自分が変わる本

2018年4月18日　　初版発行
2018年7月 8 日　　5刷発行

著　者　望月俊孝
発行者　太田　宏
発行所　フォレスト出版株式会社
〒162-0824 東京都新宿区揚場町2-18　白宝ビル 5F
電話　03-5229-5750（営業）
03-5229-5757（編集）
URL　http://www.forestpub.co.jp

印刷・製本　日経印刷株式会社

ISBN978-4-89451-798-1　Printed in Japan

「やりたいこと」を先送りしてしまう自分が変わる本

読者の方に限り
特別プレゼント

ここでしか手に入らない貴重な情報です。

3拍子揃った「習慣」の極意

（PDF ファイル）

著者・望月俊孝さんより

「やりたいこと」を先送りしてしまう自分を変え、「今すぐやる」自分になったあなたに最も必要なのが、大切なことを【習慣にする極意】です。それも、①誰でも続く、②楽しく続く、③効果が高い「３拍子揃った習慣の極意」を身につけたら盤石ですね。それを、著者の望月俊孝さんが本書の読者の皆さんのためにご用意くださいました。ぜひダウンロードして、先送りしないで「すぐやる」習慣づくりにお役立てください。

特別プレゼントはこちらから無料ダウンロードできます↓

http://frstp.jp/mochizuki

※特別プレゼントはWeb上で公開するものであり、小冊子・DVDなどをお送りするものではありません。
※上記無料プレゼントのご提供は予告なく終了となる場合がございます。あらかじめご了承ください。